U0507038

汽车商务礼仪

主　编　闫亚林　邱英杰

副主编　刘冬梅　龙　艳　李进斌

北京理工大学出版社
BEIJING INSTITUTE OF TECHNOLOGY PRESS

图书在版编目（CIP）数据

汽车商务礼仪 / 闫亚林，邱英杰主编.—北京：北京理工大学出版社，2020.1
ISBN 978-7-5682-8136-2

Ⅰ.①汽…　Ⅱ.①闫…②邱…　Ⅲ.①汽车—商业服务—礼仪—职业教育—教材　Ⅳ.①F766

中国版本图书馆CIP数据核字（2020）第011904号

出版发行／北京理工大学出版社有限责任公司

社　　　址／北京市海淀区中关村南大街 5 号

邮　　　编／100081

电　　　话／（010）68914775（总编室）

　　　　　　（010）82562903（教材售后服务热线）

　　　　　　（010）68948351（其他图书服务热线）

网　　　址／http://www.bitpress.com.cn

经　　　销／全国各地新华书店

印　　　刷／定州市新华印刷有限公司

开　　　本／787 毫米 ×1092 毫米　1/16

印　　　张／8.5　　　　　　　　　　　　　　　　　　　　　　　责任编辑／陆世立

字　　　数／200 千字　　　　　　　　　　　　　　　　　　　　文案编辑／陆世立

版　　　次／2020 年 1 月第 1 版　2020 年 1 月第 1 次印刷　　　责任校对／周瑞红

定　　　价／35.00 元　　　　　　　　　　　　　　　　　　　　责任印制／边心超

汽车商务礼仪就是把"无形的服务有形化"，使有形规范的服务和汽车销售过程完美结合。汽车商务礼仪是汽车商务服务人员完善自身的点金棒，汽车营销人员具有整洁的仪容仪表，穿着得体的服饰，具备优雅的行为举止和动人的言语谈吐，对于提高其汽车商务服务水平具有重要意义。

本书以学生能力训练为重点，并按照汽车营销服务人员所面临的职业情境来设计项目，通过信息化微课引发学习者自学的兴趣。书中穿插大量形体训练图片、视频、作业、案例，图文并茂、通俗易懂、案例丰富、内容详尽，突出了汽车商务服务人员必备的职业礼仪素养。

本书共 10 个项目，系统介绍了汽车商务礼仪基础知识、汽车商务服务人员的服饰礼仪、汽车商务服务人员的仪容仪表礼仪、汽车商务服务人员的姿态动作礼仪、汽车商务服务人员的语言沟通礼仪、汽车 4S 店客户接待礼仪、汽车 4S 店客户拜访礼仪、汽车 4S 店展厅销售礼仪、汽车 4S 店售后服务礼仪、汽车商务会务活动服务礼仪等内容，并对一些礼仪常识进行了拓展。本书既叙述了必要的理论知识，又注重知识与实践技能的充分结合，突出了实用性和可操作性的特点。

本书由闫亚林、邱英杰担任主编，刘冬梅、龙艳、李进斌担任副主编。本书编写还得到杭州多家汽车 4S 店的支持及多名同学配合拍摄，他们提供素材场景及宝贵意见，在此一并表示衷心的感谢。

　　本书在编写过程中，参阅和引用来了相关文献资料及许多品牌汽车4S店企业的礼仪培训资料，在此致谢意。由于编者精力与水平有限，书中难免出现疏漏和不妥之处，敬请广大读者和行业从业人员提出宝贵意见，在此深表感谢。

编　者

序号	知识点	二维码	页码
1	汽车商务礼仪课程介绍		—
2	汽车商务服务		P2
3	汽车商务服务礼仪		P5
4	汽车商务服务人员男士服饰礼仪		P15
5	汽车商务服务人员女士服饰礼仪		P18

序号	知识点	二维码	页码
13	汽车 4S 店商务服务人员走姿礼仪		P41
14	汽车 4S 店商务服务人员蹲姿礼仪		P43
15	汽车商务服务人员语言沟通礼仪		P50
16	汽车商务服务人员电话礼仪		P53
17	汽车 4S 店客户接待礼仪		P58
18	汽车 4S 店客户拜访礼仪		P64
19	汽车 4S 店展厅销售礼仪		P72

序号	知识点	二维码	页码
20	汽车 4S 店客户开发礼仪		P73
21	汽车产品 FAB 介绍法则		P77

目录

项目一
汽车商务礼仪基础认识

知识目标

汽车商务服务

1. 了解汽车商务、服务的概念与特点；
2. 掌握汽车商务礼仪的内涵、特性、原则和作用。

技能目标

1. 了解汽车商务、服务的概念与特点；
2. 理解汽车商务服务礼仪的内涵、特征、原则、作用。

素养目标

1. 通过对课程资源的学习，养成自主学习和善于归纳总结的习惯；
2. 通过共同完成课后分组作业，培养团队协作精神，提高语言表达能力；
3. 提高时间管理能力。

整洁的仪容仪表　　　得体的服装服饰
优雅的行为举止　　　动人的言语谈吐

一、汽车商务概述

（一）汽车商务的定义

汽车商务是围绕汽车产业的前市场和后市场进行的所有商务活动的总称。对汽车产业的商务活动，有狭义和广义两种理解。

狭义上来讲，汽车商务是指围绕汽车的销售和服务进行的商业活动。它包括营销策划、汽车的进销存、客户关系的管理、汽车的维修服务等。

广义上来讲，汽车商务是指汽车推向市场前后的所有市场营销和服务行为。它包括新品的策划、市场的调研、目标客户群的细分、价格的制定、购买者的信息回馈等。

（二）汽车商务的特点

1. 普遍性

在当今社会，汽车是比较常见的交通工具。道路，尤其是高等级公路的新建和再修建，最主要的目的就是方便各种汽车的行驶。随着汽车产业逐渐成为我国制造业中的支柱产业，汽车在人民生活中日益普及，汽车商务也越来越普遍。

2. 多样性

现代汽车商务涉及的行业范围很广，如汽车销售、汽车保险、汽车装饰、汽车维修、汽车检测等，这些都属于汽车商务前市场或后市场。

3. 集成性

现在的汽车商务集成度很高，例如一个汽车 4S/5S 店就包括汽车销售、汽车保险、汽车美容、汽车装饰、汽车配件、汽车维修等多种商务服务。

4. 先进性

汽车上应用的技术产品可以在一定程度上代表所在国的先进水平，汽车是一个国家最先进制造业水平的集中体现。

二、汽车服务概述

（一）汽车服务的基本概念

服务通常是指服务提供者通过必要的手段和方法，满足接受服务对象需求的过程。

狭义上来讲，汽车服务是指从新车出厂进入销售流通领域，直至汽车使用后回收报废各个环节所涉及的全部技术和非技术的各类服务和技术支持性服务。也就是说汽车服务泛指汽车消费者在接车前后由汽车服务主体为他们提供的所有技术性和非技术性的服务工作。

广义上来讲，汽车服务与汽车生产、销售、使用和报废回收等各相关领域的服务，包括原材料供应、工厂保洁、产品外包装设计、新产品测试、产品质量认证及新产品研发前的市场调研、运输服务等。

汽车服务的基本特征如下：

（1）不可触摸性：服务不可触摸，主要或全部由观察者不可触摸的要素组成。

（2）不可分性：服务的产生与消费同时发生。

（3）不均匀性：服务的质量和水平与服务提供者、接受者等有密切关系，具有较强可变性。

（4）不可存储性：服务对顾客来说是一种不能存储的体验和经历，是不能像有形产品那样在仓库中存储的。

（二）汽车服务的主要特征

1. 系统性

汽车服务本身是一个复杂的系统，涉及原材料和配件供应、物流配送、售后服务、维修检测、美容装饰、智能交通和回收解体等多方面内容。它运用系统的思想和现代化的科学管理方法以及最新手段，将分散的局部利益巧妙地连接在一起，形成一个有机结合的系统服务工程。

2. 广泛性

从逻辑学层面上讲，汽车服务涉及系统设计、系统综合、系统优化、最优决策等各个方面；从时间关系来看，汽车服务包括规划、拟定、分析和运筹等各个阶段。

3. 经济性

在国际汽车市场上，汽车销售和售后服务的利润水平都很高，例如，在欧洲，汽车售后服务业是汽车产业获利的主要来源。汽车服务业的利润来源成为汽车产业可持续发展的重要支柱。

4. 后进性

汽车服务水平的发展落后于汽车制造技术的发展，汽车服务工程的出现要比汽车运用和制造的历史短暂。

（三）汽车服务的内涵

（1）汽车服务的目标是满足客户的需求，实现客户的满意。汽车服务的本质是服务，汽车服务质量是汽车服务企业的生命。用户的满意程度反映了其对汽车服务的认可程度，所以汽车服务必须提高服务质量，以提高客户满意度为中心。

（2）汽车服务的精髓在于汽车服务系统的整合，一体化思想是现代汽车服务的基本思想。汽车服务一体化就是通过市场机制使整个社会的汽车服务网络实现系统总成本最小。

（3）现代汽车服务呈现出系统化、专业化、网络化、电子化、全球化的趋势。

（4）现代汽车服务要从环境保护的角度对汽车服务体系进行改进，不断提高汽车服务水平，促进经济的可持续发展。

三、汽车商务与服务一体化

汽车商务与服务虽然从概念上看具有不同的内涵和外延，但随着市场经济的发展，二者在实际运作中难以分开。

现代汽车商务与服务一般包括以下商业行为：

（1）汽车采购、汽车库存管理、汽车销售、二手车评估、二手车交易。

（2）汽车配件供应、汽车配件销售、汽车配件库存管理。

（3）汽车美容装饰、汽车养护、汽车维修、汽车保险理赔、汽车三包索赔。

（4）车主会员服务、车主售后服务、日常提醒服务。

四、汽车商务礼仪的内涵

汽车商务服务礼仪是礼仪在汽车商务服务活动中的运用，是商务服务人员在汽车商务服务活动中为表示尊敬、友好等善意而采取的一系列惯用形式。它是汽车商务服务人员个人的仪表、仪容、姿态、言谈举止、待人接物的准则，是汽车商务服务人员个人的内在素质、文化素养、精神风貌的外在表现。

汽车商务服务
礼仪

"礼"的含义是尊重，"仪"就是对别人表示尊重的形式。礼就是尊重，仪就是表达，既要坚持尊重为本，又要掌握表达方式。任何"礼"，都必须借助于规范的、具有可操作性的仪，才能恰到好处地表现出来。

总而言之，从个人修养的角度来看，礼仪是一个人的内在修养和素质的外在表现；从道德角度来看，礼仪是为人处世的行为规范或行为准则；从交际的角度来看，礼仪是一种交际方式或交际方法；从民俗的角度来看，礼仪是一种待人接物的习惯形式；从传播的角度来看，礼仪是一种相互沟通的技巧；从审美的角度来看，礼仪是一种形式美，是心灵美的必然外化。

五、汽车商务礼仪的特性

汽车商务服务礼仪包括规范性、限定性、可操作性、传承性四个特点。

1. 规范性

汽车商务服务礼仪是汽车商务服务人员在从事商务服务活动时必须遵守的待人接物的行为规范，这种规范约束着商务服务人员的仪容仪表、仪态和行为举止。

2. 限定性

不同企业、不同品牌文化背景下的汽车商务服务活动，以及不同的汽车商务服务流程都有其独特的特点，这就是汽车商务服务礼仪所表现出的限定性。

3. 可操作性

切实有效、实用可行、规则简明、易学易会、便于操作，是礼仪重要的特征。汽车商务服务礼仪以简便易行、容易操作为第一要旨。

4. 传承性

当代礼仪多是在古代礼仪的基础上发展起来的，汽车商务服务礼仪同样也具有传承性。

六、汽车商务礼仪的基本原则

汽车商务服务礼仪的原则主要如下。

1. 敬人原则

敬人原则强调汽车商务服务人员在从事商务服务活动时，要尊重客户，对客户友好、恭敬客户，做到"客户至上"。

2. 平等原则

汽车商务服务活动中的平等表现为不狂妄自大、不我行我素、不厚此薄彼、不以貌取人，或以职业、地位、权势压人，而应该平等待人。

3. 遵守原则

汽车商务服务人员应自觉遵守汽车商务服务礼仪，规范自己在商务服务活动中的言谈举止。

4. 适度原则

适度原则强调运用礼仪时应把握分寸、适度得体。

5. 自律原则

汽车商务服务人员在服务过程中应做到自我约束、自我反省、自我检点。

6. 真诚原则

真诚原则强调运用礼仪时，务必真诚守信。一个守信的人，在与他人交往中能做到前后一致、言行一致、表里如一。汽车商务服务人员应遵从真诚守信原则，促进交际正常、健康、长期、稳定地发展。

7. 宽容原则

宽容原则要求汽车商务服务人员在商务服务活动中要严于律己，宽以待人。要多容忍他人、多原谅他人、多理解他人。

8. 从俗原则

运用礼仪时，应做到入境问俗、入乡随俗，切不可自以为是。

七、汽车商务礼仪的作用

（1）汽车商务礼仪有助于提高汽车商务服务人员的自身修养。在商务服务活动中，礼仪往往是衡量一名员工对公司及产品的忠诚度、责任感、使命感的准绳。它不仅反映着汽车商务服务人员的专业知识、技巧与应变能力，还反映着汽车商务服务人员的气质风度、阅历见识、道德情操、精神风貌。

（2）汽车商务礼仪有助于塑造良好的汽车商务服务形象。个人形象是一个人仪容、表情、举止、服饰、谈吐、教养的集合。当汽车商务服务人员重视了美化自身之后，客户关系将会更加和睦，汽车商务服务活动将会变得更加丰富多彩。

（3）汽车商务礼仪有利于提高企业的经济效益。汽车商务礼仪服务能够最大限度地满足顾客在汽车商务服务活动中的精神需求，使顾客获得物质需求和精神需求满足的统一。以礼仪服务为主要内容的优质服务，是企业生存和发展的关键所在。它将通过汽车商务服务人员的仪容仪表、服务用语等，使服务质量具体化、系统化、标准化、制度化，使顾客得到一种信任、荣誉、感情、性格、爱好等方面的满足，给企业带来较好的经济效益。

（4）汽车商务礼仪有助于促进汽车商务服务人员的社会交往，改善人际关系。运用礼仪，除了可以使汽车商务服务人员规范彼此的交际活动，更好地向交往对象表达自己的尊重、敬佩、友好与善意，增进大家彼此之间的了解与信任。

※ 课后作业

扮演一名汽车消费顾客，请按照关注点前往 4S 店体验购车流程，并拍摄视频上传。

关注点：

（1）汽车销售的实际流程；

（2）汽车销售人员的礼仪规范。

※ 课堂笔记记录区

项目二
汽车商务服务人员的
服饰礼仪

知识目标

1. 掌握汽车商务服务中的男士服饰搭配礼仪；
2. 掌握汽车商务服务中的女士服饰搭配礼仪。

技能目标

1. 能够运用所学知识进行男士服饰搭配；
2. 能够运用所学知识进行女士服饰搭配。

素养目标

1. 通过对课程资源的学习，养成自主学习和善于归纳总结的习惯；
2. 通过共同完成课后分组作业，培养团队协作精神，提高语言表达能力；
3. 提高时间管理能力。

一、男士服饰礼仪

（一）穿西装的三个"三"规则

第一，三色原则。穿西装的时候，包括外衣、衬衣、领带、鞋、袜子在内，全身颜色不多于三种。

第二，三一定律。穿西装的时候，鞋、腰带、公文包应为同一种颜色，首选黑色。

（二）男士着装规范

1. 西装

男士西装应笔挺，熨烫平整。颜色为藏青色、黑色，最下面一颗纽扣可以不扣上，坐下时可解开纽扣。口袋内不放置任何物品。

2. 西裤

西裤要熨烫平整，口袋中除手帕外不放置其他任何物品。

3. 衬衣

正装衬衣应洁净，熨烫平整。颜色从白色为佳，袖长以露出西装衣袖一厘米为宜。系上领带时，第一颗扣子不能解开。衬衣领口以露出西装领口一厘米为宜。

合适　　　　　　　　　　　　不合适

4. 鞋子

鞋子应选黑色系皮鞋，以有鞋带的皮鞋为首选，不选平底皮鞋。保持鞋面清洁、光亮。

合适　　　　　　　　　　　　不合适

5. 袜子

选择黑色系，材质建议选棉质。袜筒长度以落座后不露出小腿皮肤为宜。

<table>
<tr><td>合适</td><td>不合适</td></tr>
</table>

6. 饰品

铭牌：着工服时，应佩戴在左胸前，避免歪斜。

手表：样式简单，做工精细。颜色以黑色、银色或黑银搭配为首选。不可佩戴运动表。

合适　　　　　　　　　　　　　不合适

眼镜：样式简单。保持镜面和镜架的清洁，避免戴有色眼镜。

公文包：以黑色为宜，样式简单。

合适　　　　　　　　　　　　　不合适

名片夹：黑色，样式简单大方。

合适   不合适

其他：不可佩戴耳环、鼻饰、手链、脚链、圈绳等其他物品（有宗教信仰的例外）。

（三）穿西装的禁忌

男士穿西装有以下几项禁忌，应注意避免。

（1）领带太花。　　　　　　（2）袜色太浅。

（3）口袋太鼓。　　　　　　（4）色彩太多。

（5）品牌太假。　　　　　　（6）面料太差。

（7）为拆除衣袖上的商标。　（8）未熨烫平整。

男士服饰礼仪

不合适   不合适

二、女士服饰礼仪

（一）女士着装原则

1. TPO 原则

TPO 是 Time（时间）、Place（地点）、Object（目的）三个英文单词的首字母组合，即要求服装穿着和饰品佩戴不但要与自己的个性、风格、生理条件相适宜，而且必须满足具体的时间、地点和目的的要求。

2. 配色原则

服饰的美是款式美、质料美、色彩美三者的完美统一，形、质、色三者相互衬托、相互依存。基本色：黑色、白色、灰色、深蓝、米色、驼色、咖啡色。重质不重量，好布料很重要，西装面料要选挺括、舒适、柔软的纯毛或化纤面料。

3. 个性化原则

汽车商务服务人员的服饰打扮必须符合自己的年龄、职业、体型、肤色、气质等特点，要穿出属于自己的个性、品位，塑造独特的职业形象。

4. 整洁性原则

整洁性原则是指着装应整齐干净。选取的服装不一定要时髦和高档，只要保持服饰干净合体、全身整齐即可。

5. 适合原则

汽车商务服务人员如果仅仅为了突出个性而忽视汽车服务交往的目的，穿着特别时髦，甚至穿暴露的衣服来表现坦诚热情，是不可能被顾客接受的，会直接影响汽车服务企业的整体形象。女士服装要能突出女性的体型美，不要过松过大，穿着要合体，放松度要恰到好处。

（二）女士着装规范

（1）西装。面料挺括，熨烫平整，颜色以藏青色为宜，单排扣西装的纽扣应全部扣上。

（2）长裤。熨烫平整，口袋不放任何东西。颜色以黑色或肤色为宜。

（3）衬衣。以白色衬衣为主，熨烫平整，保持洁净。

（4）裙子。裙长以为至膝盖上方1厘米为宜，熨烫平整。

（5）内衣。夏天避免穿颜色过于鲜艳的内衣。

（6）鞋子。以黑色皮鞋为宜，跟高1.5厘米，以前包后包的船形高跟鞋为首选。鞋面简单大方，清洁光亮，避免鞋跟底部有金属质感的钉子。

（7）丝袜。着长裤时，丝袜长度以落座后不露出小腿皮肤为宜。不穿网格状袜子及白袜。

   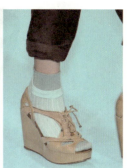

不合适

（8）饰品。

合适

不合适

合适

不合适

合适

不合适

合适

不合适

（三）女士着装六大禁忌

女士着装有以下几项禁忌，汽车商务服务人员应注意避免。

（1）忌花哨。　　　　（2）忌透视。

（3）忌短小。　　　　（4）忌紧身。

（5）忌裸露。

女士服饰礼仪

三、领带礼仪 »

（一）领带的种类

领带的图案、颜色很多，最常见也是最实用的款式就是纯色领带。

斜纹领带代表勇敢

竖纹领带代表安逸

领带礼仪

方格领带代表热情

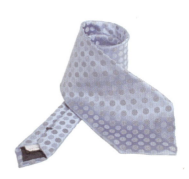

圆点领带代表饱满成熟

（二）领带的打法

最常见的领带打结方法包括平结、温莎结等。系法如下。

1. 平结

步骤1：右手握住宽的一端（下面称大端），左手握住窄的一端（下面称小端）。大端在前，小端在后，交叉叠放。

步骤2：将大端绕到小端之后。

步骤3：继续将大端在正面从右手边翻到左手边，成环。

步骤4：把大端翻到领带结之下，并从领口位置翻出。

步骤5：再将大端插入先前形成的环中，系紧。

步骤6：完成。

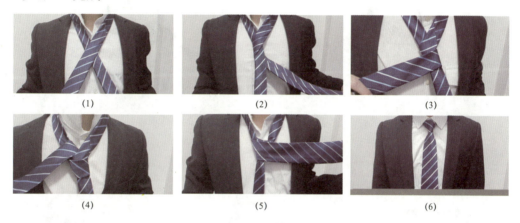

2. 温莎结

步骤1：将大端和小端交叉叠加，大端在上，小端在下。

步骤2：将大端向内翻折。

步骤3：大端从右翻折后，再继续向上翻折。

步骤4：大端围绕小端，旋转一圈，将领带拉紧。

步骤5：再把领带的大端向左翻折，形成一个环状，由内侧向领口三角型区域翻折。

步骤6：领带翻折过来后，打结系紧。

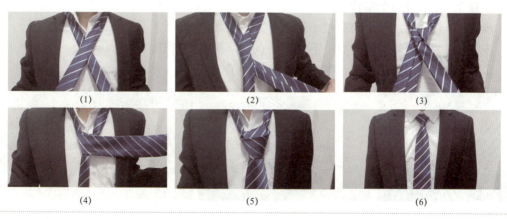

四、丝巾礼仪

丝巾礼仪

丝巾的佩戴方法有打斯文小平结、百折花结、玫瑰花结等，系法如下。

1. 斯文小平结

2. 百折花结

3. 玫瑰花结

步骤1：准备一条正方形的丝巾。

步骤2：先把丝巾的两个对角打一个小小的死结。

步骤3：把另外两个角转两圈。

步骤4：转圈后的一个角穿过小死结下方的洞。

步骤5：两头轻轻向两边拉一下，轻一点拉，再拉拉花瓣。

步骤6：花的形状出来了，整理一下就可以了。

※ 课后作业

男生打领带，女生系丝巾，并拍摄视频上传。

※ 课堂笔记记录区

项目三
汽车商务服务人员的仪容仪表礼仪

知识目标

掌握汽车商务服务的仪容仪表修饰礼仪要点。

化妆礼仪

技能目标

能够运用所学知识对自身进行仪容仪表修饰。

仪容仪表礼仪

素养目标

1. 通过对课程资源的学习，养成自主学习和善于归纳总结的习惯；
2. 通过共同完成分组作业，培养团队协作精神，提高语言表达能力；
3. 提高时间管理能力。

一、女士仪表要求

1. 妆容要求

女士可化淡妆，除表现礼貌外，更显专业、精神。要避免性感、天真、酷感、前卫的偏颇妆容。

2. 头部装饰

女士发型的选择应考虑性别、年龄、发质、脸形、身材、职业等多种因素。一般情况下应做到以下几点。

（1）发式有形、样式简单大方，发色自然光亮。避免头发颜色对比过强或漂染怪异颜色。

（2）前额头发不要盖过眉毛。

（3）保持头发干净清洁，避免头皮屑和头发过分油腻。

（4）选用简单大方，颜色和自己发色协调的发饰。建议为黑色、深褐色或深蓝色系，统一样式的发饰束发。

3. 其他要求

（1）手掌应保持清洁，定期修剪指甲、去除死皮，注重皮肤护理。可使用无色或颜色淡雅的指甲油，不涂抹浓艳的彩色指甲油。

（2）在正式社交场合，手臂、肩膀不裸露，不穿半袖或无袖装。

（3）腋毛不外露。

（4）正式场合不裸露脚部；保持脚部清洁；经常修剪脚指甲。

（5）正式场合，男士着装不暴露腿部，女士忌光着腿穿裙子，正式场合裙子一般超过膝盖。

二、男士仪表要求

（1）每天剃须，不可蓄络腮胡或山羊胡。

（2）保持唇部滋润，可使用护唇膏。

（3）发式以短发为宜，前不遮眉，侧不遮耳，后不及领，不漂染怪异颜色。若有长短不一的细发，应用发胶定型。保持头发干净清爽，避免有头皮屑或头发过分油腻。

（4）每天刷牙。于抽烟、重口味饮食后或有特殊异味时，应使用口腔清新剂等用品保持口气清新。

（5）随时保持手和指甲的清洁，将指甲修剪整齐。

（6）文身：不可外露。

（7）鼻毛要经常修剪，避免外露，切忌不要在公共场合挖鼻孔。

（8）保持耳朵清洁无异味，应经常掏耳朵。

（9）在保持身体清洁干净外，建议使用适合的香水。

三、化妆的原则与禁忌

（一）化妆的原则

（1）美化：适度矫正、修饰得法，避短藏拙。

（2）自然：妆成有却无。

（3）得法：讲究个性，但要合乎大体。口红与指甲油的色彩一致，工作妆要淡，社交时化妆可以稍浓，香水不宜涂在衣服上和容易出汗的地方。

（4）协调：妆面协调、全身协调、场合协调、身份协调。

（二）化妆的禁忌

（1）勿当众进行化妆。

（2）勿在异性面前化妆。

（3）勿使化妆妨碍于人。

（4）勿使妆面出现残缺。

（5）勿借用他人化妆品。

（6）勿评论他人的妆面。

四、化妆用品和步骤

（一）化妆用品

1. 水乳

水乳的作用是保持脸部肌肤的滋润，起到保湿作用。

2. 眼霜

眼霜的作用是保持眼周肌肤的滋润，减缓细纹的产生。

3. 防晒霜

防晒霜的作用是减缓皮肤的光老化，减少紫外线对皮肤的伤害。

4. 隔离霜

隔离霜的三大作用：形成肌肤与彩妆间的保护屏；隔离脏空气；调整肤色。

5. 粉底液

粉底液主要起均匀肤色和修饰毛孔的作用。

粉底液的使用方法：挤出一些分别点在左脸颊、右脸颊、额头、下巴、鼻子上各一小点，然后像擦乳液那样抹匀。如果发现黑眼圈有点重，可以在左右眼睛下方再分别点一点，涂抹就好，由内向外涂抹。

6. 眉笔

眉笔用来画眉毛，能够装饰脸型，使人看起来更有活力。

7. 眼影

眼影的作用：赋予眼部立体感，透过色彩的张力，让整个脸庞迷媚动人。

8. 睫毛膏

睫毛膏的作用：使睫毛浓密、纤长、卷翘，加深睫毛的颜色。

9. 腮红

腮红的作用：使脸部红润，增加美感与健康感，可达到调整脸型的效果。

10. 唇彩

唇彩的作用：使双唇晶莹亮丽、湿润清爽，闪烁折光效果，可增强唇部的立体感。

11. 卸妆用品

卸妆用品质地多样，可分为卸妆乳、卸妆水等多种类型，作用是卸除面部彩妆，清洁肌肤。

（二）化妆流程

标准的化妆流程主要包括滋润肌肤、隔离肌肤、平衡肤色、修整眉毛、画眼影、刷睫毛膏、刷腮红、涂唇彩或口红、整理发型等环节。

1. 滋润肌肤

（1）取足量的化妆水。用拇指和食指夹住化妆棉浸入化妆水，直至化妆棉整体变得透明。

（2）按一定顺序涂抹化妆水。由额头中心向两侧滑动化妆棉，按眉间→太阳穴的顺序涂抹。从眉间到鼻尖向下涂抹 2～3 次。这个部位易堆积角质，以擦拭般的感觉来涂抹。

口周如画圆一般涂抹：从嘴角开始，通过鼻下方，轻轻围绕口周涂抹一圈。顺逆时针方向都可以。脸颊提升涂抹，如化妆水不足，再取一次。从下颚尖向太阳穴方向涂抹脸颊。易出现干纹的眼下部位更要仔细涂抹，从内眼角向眼尾轻轻滑过。由内眼角向眼尾方向，轻按上眼睑。在想要收细毛孔之处，用化妆棉由下向上提升般轻轻拍打肌肤。

2. 隔离肌肤

（1）首先将隔离涂抹在 T 字区域或两颊等骨骼凸出、容易被晒到的部位。这两个部位是最容易长出斑点的部位，一定要做好隔离和防晒工作。

（2）先从面积较大的两颊部位开始推开，使用中指和无名指轻柔地由内往外推抹。注意不要大力推抹，否则容易产生皱纹。

（3）鼻子部分由上往下带过就好，用量不需要太多。

（4）鼻翼部分应该使用粉扑来按压。

（5）容易被忽略的发鬓处也不要忘记涂擦。

（6）以画圆的方式来涂抹下巴，延伸的脸部轮廓一并擦上。

（7）剩余的量涂擦在眼部的下方。

3. 平衡肤色

（1）取适量的粉底液涂在两颊和额头，用指腹从中间开始往外侧涂抹。眼周和鼻翼等细微处要用棉扑的角上下左右地轻轻拍打均匀。

（2）在颜色斑驳、有粉刺和雀斑等瑕疵的地方涂抹遮瑕膏，如果觉得影响不大也可省略。

（3）定妆。用柔软的棉扑取适量的散粉，轻轻地拍打进脸颊，让肌肤更显柔和，具有空气感。注意只需拍打一次即可，以免底妆过厚。用一支干净的腮红刷轻轻地刷一刷脸蛋，使粉底更好地与肌肤相容。

4. 修整眉毛

基本原则如下。

（1）以眉峰为基点，用浅色眉笔分别涂至眉尾和眉头。若眉毛参差不齐，要注意补满不完整的眉形。使用眉笔时要经常对着镜子检查，以防涂得太浓。用颜色略深的眉笔对眉毛稀疏部分和不饱满的眉尾，一根根地添画。

（2）根据头发和肌肤的颜色来选择眉笔的颜色。

（3）使用螺旋眉刷将眉毛梳理整齐，使画好的眉毛同原本的眉毛融为一体，打理出自然效果。

5. 画眼影

（1）在手背上试色。将眼影蘸满半个粉刷，可先在手背上试色，抖落掉一些粉，避免将太重的色彩直接涂抹于眼皮。

（2）用较深的颜色从外眼角向内眼角开始，晕染到眼皮的 2/3 处，之后用较淡的颜色从内眼角开始向中央晕染剩下的 1/3。

（3）在内眼角和眉毛下方加亮色。从内眼角用粉刷的尖端涂抹亮色，眉峰下方也要轻涂上颜色。

6. 刷睫毛膏

（1）夹睫毛。要从睫毛根部用力，将睫毛夹固定在睫毛根部位置后，再轻轻地向上弯曲，一般分为三段夹取。越靠近睫毛尾部，用力就越轻，否则会不自然。之后要适当地调整睫毛的弧度，特别是眼头和眼尾两端。

（2）睫毛定型。先将电动睫毛器预热，等夹好睫毛之后，就将它放在睫毛的根部以及中部，停留 2~3 秒。

（3）上睫毛底膏。薄薄地涂上睫毛底膏或者有保护睫毛功能的睫毛纤长液，这样做的目的是将睫毛在化妆过程中的受损程度降到最低。

（4）刷上睫毛。眼睛往下看，尽量将睫毛的根部露出来，然后将睫毛刷头插入睫毛根部，保持 2 ～ 3 秒，再往睫毛尾部拉，要趁睫毛液还没干的时候做出小小的调整，直到满意为止，并将睫毛刷得更浓密。

（5）强调眼尾。在睫毛液干之前，重点涂刷眼尾的睫毛，要用呈放射状的方式来涂刷，使眼睛看起来更大。完成之后用睫毛梳梳理睫毛。

（6）刷下睫毛。下手要轻，把睫毛刷头置于下睫毛根部，轻轻抖动并往外推移。

7. 刷腮红

（1）蘸取腮红轻点在脸上。直接用指腹蘸取霜状腮红，轻点在两颊笑肌的部位，不需要使太大的劲，点到即好。

（2）指腹轻轻推匀腮红。接着用指腹将脸上的腮红往上下左右轻轻推匀，让腮红的颜色慢慢在肤色上晕染开来。

（3）轻抹鼻子。手上剩下的淡淡颜色就轻抹一下鼻尖，不经意的动作给鼻子也留下一点和脸颊相协调的颜色。

（4）轻抹下巴。用手上剩下的一点点颜色轻抹下巴

8. 涂唇彩或口红

（1）咬唇妆上妆前要保证唇部有一定的滋润程度，并且软化有死皮的地方。

（2）用粉底液或唇部打底淡化原本的唇色。

（3）将口红涂抹在唇部的最内侧，抿一下双唇，将生硬的线条柔化，最后用手指轻轻地将颜色拍开，打造自然过渡的效果。

9. 整理发型

脸部妆容完成后，可进行发型的整理。不同的脸型人适合不同的发型，现以女性丸子头为例，详细其具体整理步骤。

(1)　　　　　　　　　　(2)

(3)　　　　　　　　　　(4)

(5)　　　　　　　　　　(6)

※ 课后作业

完成自己服装服饰搭配，化淡妆，并拍摄照片上传。

关注点：

（1）服装搭配。

（2）淡妆。

（3）发型。

※ 课堂笔记记录区

项目四
汽车商务服务人员的姿态动作礼仪

>> **知识目标** <<

了解汽车商务服务的姿态动作礼仪规范。

>> **技能目标** <<

能够合理运用汽车商务服务姿态动作礼仪。

>> **素养目标** <<

1. 通过对课程资源的学习，养成自主学习和善于归纳总结的习惯；
2. 通过共同完成课后分组作业，培养团队协作精神，提高语言表达能力。
3. 提高时间管理能力。

一、表情礼仪

在人的千变万化的表情中，目光和微笑最具礼仪功能和表现力。

1. 目光

眼睛是心灵之窗，它能如实地反映人的喜怒哀乐。目光是富有表现力的一种"体态语"，适当地运用能给交往带来好的作用。

1）目光凝视区域

（1）公务凝视区域：以两眼为底线，额中为顶角形成的三角区。这种凝视会显得严肃认真，对方也会觉得你有诚意，容易把握住谈话的主动权和控制权。

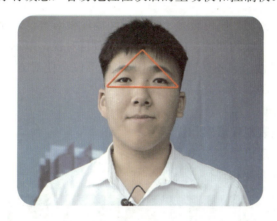

（2）社交凝视区域：以两眼为上线、唇心为下顶角所形成的倒三角区。这种凝视能给人一种平等、轻松感，从而营造一种良好的社交氛围。

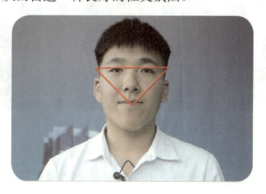

（3）亲密凝视区域：双眼到胸部之间。这是亲人、恋人、家庭成员之间使用的一种凝视，往往带着亲昵爱恋的感情色彩，所以非亲密关系的人不应使用这种凝视，以免引起误解。

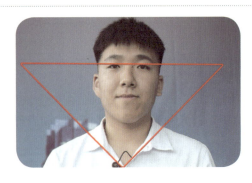

目光的运用：要做到"散点柔视"，即应将目光柔和地照在别人的整个脸上，而不是聚焦于对方的眼睛。当双方沉默不语时，应将目光移开。

2）注视的时间

在交谈中，听的一方通常应多注视说的一方，目光与对方接触时间一般占全部相处时间的 1/3。

（1）如果双方关系密切，则可较多、较长时间地注视对方，以拉近心理距离。

（2）若对方为关系一般的同性，应该不时与之双目对视，以示尊重。

（3）如果对方是异性，目不转睛长时间地注视不仅会使对方感到不自在，也是失礼的表现。

3）目光接触（眼神）

（1）视线向下可以表现权威感和优越感。

（2）视线向上易表现出服从与任人摆布；

（3）视线水平表现客观和理智。

表情礼仪

2. 微笑

在人的各种笑颜中，微笑是最常见、用途最广、损失最小而效益最大的。

微笑的基本要求：发自内心，发自肺腑，无任何做作之态。

微笑的基本动作要领：放松面部肌肉，嘴角微翘。男士嘴唇微闭。女士嘴唇微启，露出上排六颗牙齿。

标准：露出 6～8 颗牙齿；笑时能咬住筷子。

二、站姿

站姿礼仪

1. 规范的站姿

（1）头正：两眼平视前方，嘴微闭，收颌梗颈，表情自然，稍带微笑。

（2）肩平：两肩平正，微微放松，稍向后下沉。

（3）臂垂：两肩平整，两臂自然下垂，中指对准裤缝。

（4）躯挺：胸部挺起、腹部往里收，腰部正直，臀部向内向上收紧。

（5）腿并：两腿立直，贴紧，脚跟靠拢，两脚夹角成60°。

（6）微笑：心情愉快，精神饱满，充满活力，给人以感染力。

2. 男女站姿的区别

男士站立时，双脚可分开与肩同宽，双手可在腹部交叉搭放，亦可在后腰处交叉搭放，也可一只手自然下垂，以体现男性的阳刚之气。

女士站立最优美的姿态为身体微侧，呈自然的45°，斜对前方，面部朝向正前方。脚呈丁字步，即右（左）脚位于左（右）脚的中后部，人体重心落于双脚间。其余与男士相同。这样的站姿可使女性看上去体态修长、苗条，同时也能显出女子的阴柔之美。

3. 站姿的训练

（1）靠墙：脚后跟、小腿肚、臀部、双肩、头部后下部位和掌心靠墙。

（2）顶物：可以把书本放在头顶中心，头、躯干自然保持平衡，以身体的八个方位来进行训练，可以纠正低头、仰脸、头歪、头晃及左顾右盼的毛病。

（3）照镜：面对镜子，检查自己的站姿及整体形态，看是否歪头、斜肩、含胸及驼背等。按照站姿的要领及标准，发现问题可及时加以调整。

坐姿礼仪

三、坐姿

坐是一种静态造型，是非常重要的仪态。端庄优美的坐姿，会给人以文雅、稳重、大方的美感。

（一）入座礼仪

1. 顺序

分清长幼，礼貌地邀请对方先入座，也可与对方同时入座。但如果对方是自己的顾客，则最好在对方入座之后入座，切勿自己抢先入座。

2. 方位

在适当之处入座，就座时最好从椅子的左侧入座，这样既礼貌，也便于入座。在与他人同时入座时，应当注意座位的尊卑，主动将上位让给来宾或客人。

3. 体位

在他人面前入座时，最好背对着自己的座椅入座，这样不会背对着对方，背对他人是不礼貌的。正确的做法是：先侧身走近座椅，背对其站立，右腿后退一点，以小腿确认一下座椅的位置，然后随势坐下，不可弯腰低头或回头看座椅，必要时可以用手搭扶座椅的扶手。为了使坐下后身体舒服，或者为了方便坐下后调整衣服，可在坐下后调整一下体位。但这一动作不可与就座这一动作同时进行。

4. 风度

就座时，要减慢速度，放轻动作，尽量不要弄得桌椅乱响，发出噪声扰人。女士着裙装入座时，事先用双手从后向前拢好裙，以免裙底"走光"，切记入座后整理裙装。

(二) 入座礼仪示范

(1) 错误的坐姿：入座时离椅子太近。这样坐下易碰到椅子，发出声响，并且臀部会完全坐满椅子，刚坐下时就靠到椅背上是不礼貌的。

正确的坐姿：坐下时不要离椅子太近。首先，注意你与椅子间的距离，不能靠太近，否则就会坐得太满；也不能离得太远，否则就会跌坐在地上。

(2) 错误的坐姿：坐下时背部弓着或是上身向前倾，这样的姿势是不优雅的，还可能有后臀部和胸前走光的危险。

正确的坐姿：保持后背挺直，笔直坐下。先确定好合适距离，保持上身直立的同时慢慢放低身体。注意只坐椅子的前 1/2 部分，这样身体的重心刚好落在大腿，可以稳定双腿。如此坐下，可以牢牢保持身体的姿态。

(3) 错误的坐姿：① 松软地完全靠在椅背上。这样的姿势也许很舒服，但非常不得体。② 两腿分开，双手撑住上身，这是最难看的一种姿势，显得缺乏教养。懒洋洋地坐在椅子上，会给人一种无聊的观感。③跷二郎腿时，双脚分离，整个人靠在椅背上。他人不感兴趣，尤其当你把双手交叉在胸前时，就好像想与外界隔离，把自己封闭起来。

正确的坐姿：背部肌肉绷紧，与地面垂直，双膝并拢，双手叠放在膝盖上面，大腿与小腿呈 90°，双脚并拢稳稳踏在地板上。坐椅子前端 1/2 处，是能够保持身体活动自如的关键。

(4) 注意头部位置的端正。坐定之后的标准头位是头部端正，双目平视，面带微笑，下巴内收。如果需要低头看文件，在回答他人问题时要抬头，不然会使人有爱答不理的感觉。在与人交谈时，可以面对对方或侧对对方，但绝不可以用后脑勺对着对方。注意，在外人面前就座时，不要出现仰头、低头、歪头或扭头的情况。

(三) 示意离座

(1) 离座时，要先有表示，如果身边有人在座，须以语言或动作向其示意，随后方可起身。一蹦而起会令邻座或周围的人受到惊扰。

（2）注意次序：与他人同时离座，须注意起身的先后次序。地位低于对方时，应稍后离座。地位高于对方，则可首先离座。双方身份相当，可同时起身离座。

（3）起身缓慢：起身离座时，要动作缓慢，尤其要避免"拖泥带水"，弄响桌椅，或将椅垫、椅罩弄得掉在地上。

（4）站好再走：离座时，先要采取"基本的站姿"，站定之后方可离去。若是起身便跑或是离座与走开同时进行，则会显得过于匆忙，有失稳重。

（5）从左离开：左入左出是良好的礼节。

（四）坐姿姿态种类

1. 正襟危坐式

这种姿势适用于最正规的场合。要求：上身和大腿、大腿和小腿都形成直角，小腿垂直于地面。双膝、双脚包括两脚的跟部，完全并拢。

2. 垂腿开膝式

这种姿势多为男性所用，也比较正规。要求：上身和大腿、大腿和小腿都成直角，小腿垂直于地面。双膝允许分开，分开的幅度不要超过肩宽。

3. 前伸后曲式

这种姿势是女性适用的一种坐姿。要求：大腿并紧后，向前伸出一条腿，并将另一条腿屈后，两脚脚掌着地，双脚前后保持在一条直线上。

4. 双脚内收式

这种姿势适合在一般场合采用，男女都适合。要求：两条大腿首先并拢，双膝可以略为打开，两条小腿可以在稍许分开后向内侧屈回，双脚脚掌着地。

5. 双腿叠放式

这种姿势适合穿短裙的女士采用。要求：将双腿一上一下交叠在一起，交叠后的两腿间没有任何缝隙，犹如一条直线。双脚斜放在左右一侧。斜放后的腿部与地面呈45°，叠放在上的脚的脚尖垂向地面。

6. 双腿斜放式

这种姿势适合穿裙子的女士在较低的位置就座时采用。要求：双腿首先并拢，然后双脚向左或向右侧斜放，力求使斜放后的腿部与地面呈45°。

7. 双脚交叉式

这种姿势适用于各种场合，男女都可选用。双膝先要并拢，然后双脚在踝部交叉。需要注意的是，交叉后的双脚可以内收，也可以斜放，但不要向前方远远地直伸出去。

（五）坐姿的训练

（1）面对镜子，按坐姿基本要领，着重训练脚、腿、腹、胸、头、手等部位，体会不同坐姿，纠正不良习惯，尤其注意进行入座、离座练习。

（2）训练时可以配上优美的音乐，放松心情，减轻单调、疲劳之感。女性应穿半高跟鞋进行训练，以强化训练效果。

（3）利用器械训练，进行舒肩展背动作练习，增强腰部、肩部的力量和灵活性。

四、走姿

走姿礼仪

（一）规范的走姿

（1）头正：双目平视，收颌，表情自然平和。

（2）肩平：两肩平稳，防止上下前后摇摆。双臂前后自然摆动，前后摆幅在30º～40º，两手自然弯曲，在摆动中离开双腿不超过一拳的距离。

（3）躯挺：上身挺直，收腹立腰，重心稍前倾。

（4）步位直：两脚尖略开，脚跟先着地，两脚内侧落地，走出的轨迹要在一条直线上。

（5）步幅适当：行走中两脚落地的距离大约为一个脚长，即前脚的脚跟距后脚的脚尖相距一个脚的长度为宜。如性别不同，身高不同，着装不同，步幅会稍有差异。

（6）步速平稳：行进的速度应当保持均匀、平稳，不要忽快忽慢，在正常情况下，步速应自然舒缓，显得成熟、自信。

（二）变向走姿

变向走姿是指在行走中需转身改变方向时，采用合理的方法，体现出规范和优美的步态。

1. 后退步

与人告别时，应当先后退两三步再转身离去。退步时脚轻擦地面，步幅要小，先转身后转头。

2. 引导步

引导步是用于走在前边给宾客带路的步态。引导时要尽可能走在左侧前方，整个身体半转向宾客方向，保持两步的距离，遇到上下楼梯、拐弯、进门时，要伸出左手示意，并提示请客人上楼、进门等。

3. 前行转身步

在前行中要拐弯时，要在距所转方向远侧的一脚落地后，立即以该脚掌为轴转过全身，然后迈出另一脚。即向左拐，要右脚在前时转身；向右拐，要左脚在前时转身。

（三）走姿的禁忌

1. 横冲直撞

行走时，专拣人多的地方走，在人群之中乱冲乱闯，甚至碰撞到他人的身体，这是极其失礼的。

2. 抢道先行

行进时应注意方便和照顾他人，通过人多路窄之处务必讲究"先来后到"，对他人"礼让三分"。

3. 阻挡道路

道路狭窄之处，悠然自得地缓步而行，甚至走走停停，或者多人并排而行，显然都是不妥的。

4. 蹦蹦跳跳

必须注意保持自己的风度，不宜使自己的情绪过分地表面化，不要出现走路上蹿下跳甚至连蹦带跳的失态情况。

5. 制造噪声

我们应当有意识地使行走悄然无声。做法：一是走路时要轻手轻脚，不要在落地时过分用力，走得"咚咚"直响；二是在比较静的公共场合不要穿带有金属鞋跟或带有金属鞋掌的鞋子；三是平时所穿的鞋子一定要合脚，否则行走时会发出"吧嗒吧嗒"的令人厌恶的噪声。

6. 步态不雅

走"八字步"或"鸭子步",步履蹒跚,腿伸不直,脚伸不直,脚尖首先着地等不雅步态,要么使行进者显得老态龙钟,有气无力,要么给人以嚣张放肆、矫揉造作之感。按照社交礼仪的要求,行走最忌"内八字""外八字"等不雅步态;不可弯腰驼背、摇头晃肩、扭腰摆臀;不可膝盖弯曲,或重心交替不协调,使头先去而腰、臀后跟上来;不可走路时吸烟、双手插裤兜;不可左顾右盼;不可无精打采,身体松垮;不可摆手过快,幅度过大或过小。

(四)走姿的训练

(1)双肩双臂摆动训练:身体直立,以身体为柱,双臂前后自然摆动,注意摆幅适度。

(2)步位、步幅训练:在地上画一条直线,行走时检查自己的步位和步幅是否正确,纠正"外八字""内八字"步态及脚步过大、过小的毛病。

(3)顶书训练:将书本置于头顶,保持行走时头正、颈直、目不斜视,纠正走路摇头晃脑、东瞧西望的毛病。

(4)步态综合训练:训练行走时各种动作的协调,注意把握好走路时的速度、节拍、保持身体平衡,双臂摆动对称,动作协调。

五、蹲姿

蹲姿礼仪

(一)蹲姿标准

(1)直腰下蹲:当需要拾捡低处或地面物品时,应走到其物品的左侧;当面对他人下蹲时,应侧身相向;当需要整理鞋袜或整理低处物品时,可面朝前方,两脚一前一后,一般情况是左脚在前,右脚在后,目视物品,直腰下蹲。上体要正直,单腿下蹲。女士若穿低领上装,下蹲时应注意用一只手护着胸口。

（2）直腰站起：取物或工作完毕后，先要直起腰部，使头部、上身、腰部处在一条直线上，再稳稳站起。

（二）蹲姿姿态

1. 高低式蹲姿

这种蹲姿的基本特征是双膝一高一低。要求：下蹲时，双腿不并排在一起，而是左脚在前，右脚在后，左脚完全着地，小腿基本上垂直于地面；右脚脚掌着地，脚跟提起。此时，右膝应低于左膝，右膝内侧靠于左膝的内侧，形成左膝高于右膝的姿态。此时，女性要靠紧双腿，男性则可以适度地将其分开，臀部向下。服务人员选用这种蹲姿既方便又优雅。

2. 交叉式蹲姿

这种蹲姿通常适用于女性，尤其是穿着短裙的女性。它的优点是造型优美雅典。基本特征是蹲下后双腿交叉在一起。基本要求：下蹲时，右脚在前，左脚在后，右小腿垂直于地面，全脚着地。右腿在上，左腿在下，二者交叉重叠。左膝由后下方伸向右侧，左脚跟抬起，并且交叉着地。两腿前后靠近，合力支撑身体。上身略向前倾，臀部向下。

无论是采用哪种蹲姿，都要切记将双腿靠紧，臀部向下，上身挺直，使重心下移。

（三）女士注意事项

女士绝对不可以双腿敞开而蹲，这种蹲姿叫"卫生间姿势"，是不雅的动作；在公共场所下蹲，应尽量避开他人的视线，尽可能避免后背或正面朝人。站在所取物品旁边，不要低头、弓背，要膝盖并拢，两腿合力支撑身体，慢慢地把腰部低下去拿。

六、握手

握手在许多国家已成为人们习以为常的一种礼节。通常，与人初次见面，熟人久别重逢，告辞或送行均以握手表示自己的善意，因为这是最常见的一种见面礼、告别礼。有时在一些特殊场合，如向人表示祝贺、感谢或慰问，双方交谈中出现了令人满意的共同点，双方原先的矛盾出现了某种良好的转机或彻底和解时习惯上也以握手为礼。

（一）握手的顺序

主人、长辈、上司、女士主动伸出手，客人、晚辈、下属、男士再相迎握手。

长辈与晚辈之间，长辈伸手后，晚辈才能伸手相握；上下级之间，上级伸手后，下级才能接握；主人与客人之间，主人宜主动伸手；男女之间，女方伸出手后，男方才能伸手相握；如果男性年长，是女性的父辈年龄，在一般的社交场合中仍以女性先伸手为主，除非男性已是祖辈年龄；如在 20 岁以下，则男性先伸手是适宜的。但无论什么人如果他忽略了握手礼的先后次序而已经伸了手，对方都应不迟疑地回握。

（二）握手的方法

握手时，距离受礼者约一步，上身稍向前倾，两足立正，伸出右手，四指并拢，拇指张开，与受礼者握手。掌心向下握住对方的手，显示着一个人强烈的支配欲，无声地告诉别人，他此时处于高人一等的地位，应尽量避免这种傲慢无礼的握手方式。相反，掌心向里同他人握手的方式显示出谦卑与毕恭毕敬，如果伸出双手去捧接，则更是谦恭备至了。平等而自然的握手姿态是两手的手掌都处于垂直状态，这是一种最普通也最稳妥的握手方式。

握手时应伸出右手，不能伸出左手与人相握，有些国家习俗认为人的左手是脏的。戴着手套握手是失礼行为。

男士在握手前先脱下手套，摘下帽子，女士可以例外。当然在严寒的室外有时可以不脱，如双方都戴着手套、帽子，这时一般先说声"对不起"。握手者双目注视对方，微笑，问候，致意，不要看第三者或显得心不在焉。如果你是"左撇子"，握手时也一定要用右手。如果你右手受伤了，应该提前声明。

在商务洽谈中，当介绍人完成介绍任务之后，被介绍的双方的第一个动作就是握手。握手的时候，眼睛一定要注视对方的眼睛，传达出你的诚意和自信，握手只需几秒钟，双方手一松开，目光即可转移。

握手的力度要掌握好，握得太轻了，对方会觉得你在敷衍他；太重了，对方不但感觉不到你的热情，反而会觉得你是个粗人；女士尤其不要把手软绵绵地递过去，显得不情愿，既然要握手，就应大大方方地握。

（三）握手的时间

握手的时间以 1～3 秒为宜，不可一直握住别人的手不放。与大人物握手，男士与女士握手，时间以 1 秒左右为原则。

如果要表示自己的真诚和热烈，也可较长时间握手，并上下摇晃几下。

（四）握手的训练

（1）调整体态，保持良好的站姿。

（2）对着镜子练习常用手势，包括请、招呼他人、挥手道别、指引方向、递接物品（剪子、文件）、鼓掌、展示物品等手势。

※ 课后作业：

拍摄在 4S 店展厅接待客户的视频，关注以下要点：

（1）表情礼仪。

（2）站姿礼仪。

（3）坐姿礼仪。

（4）走姿礼仪。

（5）蹲姿礼仪。

（6）握手礼仪。

※ 课堂笔记记录区

项目五
汽车商务服务人员的语言
沟通礼仪

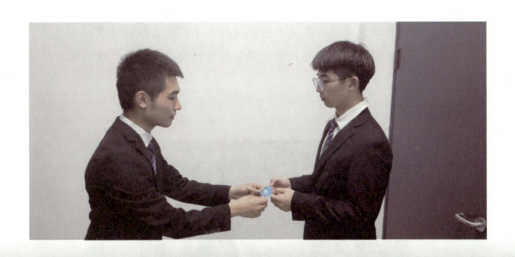

知识目标

掌握汽车商务服务礼仪的文明礼貌用语。

语言沟通礼仪

技能目标

能够正确运用汽车商务服务的文明礼貌用语。

素养目标

1. 通过对课程资源的学习，养成自主学习和善于归纳总结的习惯；
2. 通过共同完成课后分组作业，培养团队协作精神，提高语言表达能力；
3. 提高时间管理能力。

你永远没有第二次机会来创造第一印象。
You never get a second chance to create the first impression.

——戴尔·卡内基

一、文明礼貌用语的特点

所谓礼貌用语，是表示谦虚恭敬的专门用语，是博得他人好感与体谅的最为适用的方法，是约定俗成的表达方式。

文明礼貌用语具有主动性、约定性、亲密性。

（一）主动性

汽车商务服务人员在与服务对象进行交谈时，应主动采用文明礼貌用语。使用文明礼貌用语，应当成为汽车商务服务人员主动而自觉的行动。

（二）约定性

汽车商务服务人员常用的文明礼貌用语在内容与形式上都已约定俗成、沿用已久、人人皆知，对其只需遵从，不宜"另辟蹊径"。

（三）亲密性

恰当地使用文明礼貌用语，可以让顾客感到亲切和关怀，这种亲切必须发自内心，诚心所至，不落俗套，拉近了双方之间的距离。

二、文明礼貌用语种类

（一）问候语

（1）标准式问候语，如"您好""各位好""诸位女士好"等。

（2）时效式问候语，如"早安""晚安"等。

（二）请托语

（1）标准式请托语，如"请大家记住车牌号""请跟我来""请稍候""请让一让"等。

（2）求助式请托语，如"劳驾""拜托""打扰""请多关照"等。

（3）组合式请托语，如"麻烦您让一让""打扰了，劳驾您帮我照看一下"。

（三）致谢语

（1）标准式致谢语，如"谢谢您""太好了""谢谢您"等。

（2）加强式致谢语，如"多谢""非常感谢""十分感谢""万分感谢"等。

（3）具体式致谢语，如"给您添麻烦了""这次让您费心了"等。

（四）赞赏语

（1）认可式赞赏语，如"您的观点非常正确""您真是行家""您真不愧是这方面的专家"等。

（2）评价式赞赏语，如"您真好""太好了""太棒了""您真有眼光""您真是高品位"等。

（五）致歉语

致歉语包括"对不起""真对不起""很对不起""抱歉""请原谅""打扰了""不好意思""有失远迎，请多多包涵""非常过意不去""失礼了""失陪了""失敬了"等。

（六）祝贺语

1. 应酬式

应酬式祝贺语包括"祝您健康快乐""祝您万事如意""祝您一帆风顺""祝您马到成功""祝您心想事成""祝您吉星高照""恭喜您""祝贺您""真替您高兴"等。

2. 节庆式

节庆式祝贺语包括"节日快乐""生日快乐"等。

（七）称呼语

（1）泛称，如"先生""女士""小姐""太太""夫人"。
（2）职业加泛尊称"教授先生""秘书小姐"。
（3）姓氏加上职务职称，如"张主席""李经理"。

（八）迎送语

（1）欢迎语，如"您好！欢迎光临""李小姐，欢迎您"。
（2）欢送语，如"再见""您慢走""欢迎再来""欢迎下次光临""一路平安"等。

（九）征询语

（1）主动式征询语，如"您需要什么""我能为您做点儿什么吗"。
（2）封闭式，如"您觉得这种形式可以吗""您要不先试试""您不介意我来帮帮您吧"。
（3）开放式，如"这里有……您愿意要哪一种"。

（十）应答语

（1）肯定式应答语，如"好的""是的""一定照办""很高兴能为您服务""我一定尽力满足您的要求"等。
（2）谦恭式应答语，如"请不必客气""这是我们应该做的""谢谢您的夸奖""您能够满意，这是我的荣幸"等。
（3）谅解式应答语，如"没关系""不要紧""您不必放在心上"等。

（十一）推托语

（1）道歉式推托语，如"真的很抱歉，我们条件还不够完善""实在对不起，我们能力有限"。

（2）转移式推托语，如"对不起，您需要点别的吗""我们这里最好的是……您要不要试试""这个与您要的看上去差不多，您看看行吗"。

（3）解释式推托语，如"公司有明文规定，很抱歉，我无能为力""请原谅，我们有规定，不能满足您的要求"。

三、文明礼貌用语使用技巧

（1）必要的寒暄不能少。

（2）禁用攻击性话语，不说批评性话语。

（3）善选言谈话题，以双方共同关心的话题为首选，避免谈论主观性议题，少问质疑性话题，不说夸大不实之词。

（4）避免谈论隐私话题：不谈收入问题，不问年纪大小，不问家庭状况，不问健康状态，不问个人经历。

四、电话礼仪

汽车商务服务人员接打电话要注意以下事项。

（1）重视重要的第一声，给对方留下良好的第一印象。

（2）接打电话要怀着喜悦的心情，声音明朗清晰。

（3）长话要短说，话中不长篇大论。

（4）接打电话以不妨碍他人为原则，不在公共场合发出铃响，不在公共场合大声通话。

电话礼仪

（5）不在影响安全的情况下（如开车时）使用手机，不要长时间不接听电话。

（6）对重要电话内容应及时记录，遵循 5W1H 原则。

① Why（理由）：记清打电话的目的、理由。

② What（内容）：详细记录商谈细节。

③ Who（对象）：记清洽谈对象。

④ When（时间）：记清对方合宜的通话时间。

⑤ Where（场所）：在电话中洽谈适宜的见面场所，并做好记录。

⑥ How（方法）：采用得体的表达方式，并做好记录。

五、介绍礼仪

在社交场合、正式商务活动中，得体的介绍可以缩短人与人之间的距离。

1. 自我介绍

（1）介绍自己时要用谦称。
（2）介绍要具体、生动、直接。

2. 介绍他人

（1）注意介绍的顺序
介绍的基本原则：位尊者先知；少数服从多数。具体如下。
① 将男性介绍给女性。
② 将年轻者介绍给年长者。
③ 将职位低者介绍给职位高者。
④将当地人介绍给外地人；
⑤将晚来者介绍给早来者。
（2）要重视介绍的内容
介绍的内容要简明扼要，包括被介绍者的工作单位、职业、身份，如果能找出双方的共同点更好。
（3）介绍时称谓要具体。举例如下：
例1："郑先生，这是我内弟。"
例2："郑先生，这是我内弟王浩。"
显然例2要更具体。

六、汽车服务人员与顾客交谈的注意事项

（1）要用肯定型语言取代否定型语言。
（2）要用请求型语言取代命令型语言。
（3）多使用问句，以表示尊重。
（4）拒绝时要将"对不起"和请求型语句并用。
（5）清楚自己的职权，不越权向顾客承诺。
（6）给顾客建议，让顾客自己作决定。

※ 课堂作业

模拟汽车商务服务人员为客户介绍车型，录制视频。

项目六
汽车 4S 店客户接待礼仪

知识目标

1. 了解客户接待过程中的称呼礼仪要求；
2. 了解客户接待过程中的握手礼仪要求；
3. 了解客户接待过程中的介绍礼仪要求；
4. 了解客户接待过程中的名片礼仪要求；
5. 了解客户接待过程中的交谈礼仪要求。

客户接待礼仪

技能目标

1. 能够综合所学知识对顾客进行正确的称呼；
2. 能够针对不同顾客正确握手；
3. 能够针对不同顾客进行不同的介绍；
4. 能按照正确的方式与顾客递交名片；
5. 能够注意在交谈过程中的礼仪。

素养目标

1. 通过对课程资源的学习，培养自主学习和善于归纳总结的习惯；
2. 通过共同完成课后分组作业，培养团队协作精神和提高语言表达能力；
3. 提高时间管理能力。

一、主动迎接

当客户接近 4S 店门口时，汽车商务服务人员应主动迎接，面带微笑，鞠躬行礼。

微笑：（1）让嘴的两端朝后缩，微张双唇（可默念"E"）。

（2）轻轻浅笑，减小开口幅度，这时可感觉到颧骨被拉向斜后上方。

鞠躬：（1）行礼前先脱帽，摘下围巾，身体肃立，目视受礼者。

（2）行礼时，面向受礼者，距离为两三步远；以腰部为轴，整个肩部向前倾 15°以上。

（3）男士双手自然下垂，贴放于身体两侧裤线处；女士双手下垂放于胸前。

二、主动引导

汽车商务服务人员应主动引导顾客进店。此时应五指合拢，手臂向下微微倾斜，指明前进方向。

三、自我介绍和提送名片

自我介绍应态度诚恳，表情庄重，尊重对方，采取主动方式。

（1）注意时间，尽量控制在 1 分钟内。必要时可向对方提送名片。

递接名片的基本要点如下。

（1）首先要把自己的名片准备好，整齐地放在名片夹、盒或口袋中。

（2）出示名片的顺序：

① 地位低的人先向地位高的人递名片；

② 男性先向女性递名片；

③ 当对方不止一人时，应先将名片递给职务较高或年龄较大者；或者由近至远处递，依次进行。

（3）向对方递送名片时，应面带微笑，稍欠身，注视对方，将名片正对着对方，用双手的拇指和食指分别持握名片上端的两角送给对方，如果是坐着的，应当起立或欠身递送，并说些客气话。

（4）不要用左手递交名片。

（5）不要将名片举得高于胸部。

（6）不要混淆自己的名片和他人的名片，要分开装。

（7）不要在对方的名片上压放任何物品，也不可在离去时忘了拿对方的名片。

（8）不要将名片放在后裤袋或裙兜里。

五、正确交谈

选择正确的话题与客户展开交谈。具体注意事项参考项目五。

※ 课后作业

拍摄在汽车 4S 店进行客户接待的视频。

※ **课堂笔记记录区**

项目七
汽车 4S 店客户拜访礼仪

知识目标

1. 了解客户拜访的步骤；
2. 了解客户拜访的注意事项；

客户拜访礼仪

技能目标

能够正确地进行客户拜访。

素养目标

1. 通过对课程资源的学习，培养自主学习和善于归纳总结的习惯；
2. 通过共同完成课后分组作业，培养团队协作精神和提高语言表达能力；
3. 时间管理能力。

　　没有不接受产品和服务的顾客，只有不接受推销产品和服务的营销人员的顾客，顾客都是有需求的，只是选择哪一种品牌产品或服务的区别而已。

一、客户拜访流程

（一）访前准备

　　拜访客户前，我们应牢记十分钟法则，并正确运用到对客户的拜访中。

　　（1）开始十分钟：开始十分钟，双方应主要为目的沟通。

　　（2）重点十分钟：开始了解客户需求后的十分钟，双方主要是进行情感沟通，目的是了解客户是否是我们的目标客户。

　　（3）离开十分钟：汽车商务服务人员最好在进行重点交谈后十分钟内离开客户，给顾客留下悬念，使其对活动产生兴趣。

（二）确定进门

1. 敲门

汽车商务服务人员在进门之前应先按门铃或敲门，然后在门口站立等候。敲门以三下为宜，有节奏但不要过重。

2. 话术

主动、热情、亲切的话语是顺利打开客户大门的金钥匙。

3. 态度

与客户交谈，应诚实大方，避免持有傲慢、慌乱、卑屈、冷漠等不良态度。

4. 注意

严谨的生活作风能代表公司与个人的整体水准，千万不要让换鞋等小细节影响大事情。

（三）赞美观察

1. 赞美

人人都喜欢听好话被奉承。

2. 话术

可选用房间干净、布置、气色、穿着等内容开启语术。

3. 赞美

直接赞美、间接赞美、层次赞美。赞美主旨是真诚，赞美大敌是虚假。

4. 观察

用眼睛观察，是否是目标顾客。

5. 观察六要素

门前的清扫程度、进门处鞋子排放情况、家具摆放及装修状况、家庭成员及气氛明朗程度、宠物、花、鸟、书等爱好状况、屋中杂物摆放状况。

6. 注意事项

不要过度夸张赞美。

（四）针对提问

1. 提问的目的

汽车商务服务人员对客户进行提问的目的是确定客户是否为目标客户。

2. 提问的方法

向客户提问，应寻找合适的话题。以下话题是比较适宜的：仪表、服装、乡土、老家、天气、季节、子女、饮食、习惯、兴趣、爱好。

（五）倾听推荐

（1）仔细倾听能够进一步了解顾客的基本情况以及消费心理、需求。
（2）把有奖问答的答案讲给顾客听，叮嘱其积极参与、拿奖。
（3）耐心、详细地选择合适的切入点投其所好，要反应灵活。
（4）对迟疑的客户不可过分强调产品，应以促进其对汽车知识的了解为侧重点。
（5）对于未下决心购买的，应让其冷却一会儿，以便下次再邀请。

（六）克服异议

（1）克服心理上的异议。
（2）化异议为动力。
（3）不要让顾客说出异议，把握主动权。
（4）转换话题。
（5）运用适当的肢体语言。
（6）逐一击破。
（7）站在同一立场。
（8）树立专家形象。

（七）确定达成

抓住成交时机：有时通过举止、言谈可以表露出顾客的成交信号，抓住这些信号就可以抓住成交的契机。

（八）致谢告辞

（1）时间：初次拜访，时间 20~30 分钟。
（2）观察：根据顾客情况细心观察。
（3）简明：不要过多修饰。
（4）真诚：用真诚的赞美让顾客永远记住你。

二、客户拜访注意事项

（1）要事先和对方约定时间和地点。

（2）对长时间等候要有心理准备。

（3）观察周围环境，做到心中有数。

（4）即使与客户意见不一致，也不要争论不休。

（5）敲门要轻，进屋后等主人安排坐下。

（6）应彬彬有礼，注意一般交往礼节。

三、拜访客户的七大定律

（1）开门见山，直述来意。

（2）突出自我，赢得注目。

（3）察言观色，投其所好。

（4）明辨身份，找准对象。

（5）宣传优势，诱之以利。

（6）以点带面，各个击破。

（7）端正心态，永不言败。

※ 课后作业

拍摄拜访客户的视频。

※ 课堂笔记记录区

项目八
汽车 4S 店展厅销售礼仪

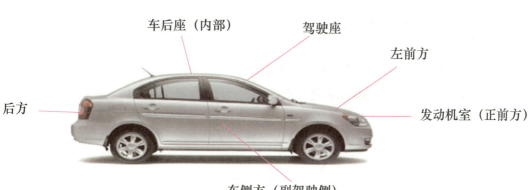

车后座（内部）　　驾驶座　　左前方

后方

发动机室（正前方）

车侧方（副驾驶侧）

知识目标

1. 掌握展厅接待过程中的客户开发礼仪规范；
2. 掌握展厅接待过程中的客户接待礼仪规范；
3. 掌握展厅接待过程中的需求分析礼仪规范；
4. 掌握展厅接待过程中的产品介绍礼仪规范；
5. 掌握展厅接待过程中的试乘试驾礼仪规范；
6. 掌握展厅接待过程中的报价成交礼仪规范；
7. 掌握展厅接待过程中的交车服务礼仪规范；
8. 掌握展厅接待过程中的售后跟踪礼仪规范。

展厅销售礼仪

技能目标

1. 能够对到展厅客户进行合理开发；
2. 能够比较得体地进行客户接待；
3. 能够对不同类型人员进行需求分析；
4. 能够熟练运用 FAB 法则进行产品介绍；
5. 能够为不同客户提供试乘试驾服务；
6. 能够针对不同客户进行合理报价；
7. 能够在交车服务中关注细节礼仪；
8. 能够得体地对客户进行售后跟踪。

素养目标

1. 通过对课程资源的学习，培养自主学习和善于归纳总结的习惯；
2. 通过共同完成课后分组作业，培养团队协作精神和提高语言表达能力；
3. 提高时间管理能力。

一.客户开发

客户开发礼仪

（一）寻找客户的渠道

1.走出去

汽车 4S 店应利用各种形式的广告以及活动，如参加车展、召开新闻发布会、进行新车介绍、进行小区巡展、参加各类汽车文化活动、发送邮件、进行大客户专访、参与政府或一些企业的招标采购等方式吸引客户到店选购。

2.请进来

汽车商务服务人员可在展厅里接待客户，邀请客户前来参加试乘试驾，召开新车上市展示，或接受客户电话预约等。

3.保有客户的开发

汽车 4S 店保有客户是一笔极大的财富，保有客户的朋友圈子、社交圈子对汽车 4S 来说是重要的销售资源，因此这些客户也是汽车 4S 店的重点客户开发对象。所以要定期跟踪保有客户，定期跟踪保有客户的推荐，以及对售后服务站外来的保有客户进行开发。

（二）客户开发的准备

第一，要详细了解和熟悉产品的品牌、车型、技术参数、配置等。要做到在与客户交流的时候，对于相关问题能对答如流。

第二，要熟悉本公司对具体汽车产品的销售政策、条件和方式。

第三，要详细了解汽车销售过程中的各项事务，如付款方式、按揭费用的计算、上牌的手续、保险的内容、保险的费用等。

第四，要了解竞争对手的产品与你所售车型的差异，以便采取应对的策略。

第五，了解客户。了解客户类型，在与客户进行交流的时候才能有的放矢，占据主动。

第六，了解客户真实的购买动机、付款能力、采购时间等。

（三）客户开发的基本原则

1."尊敬"原则

尊敬是礼仪的情感基础。在现实社会中，人与人之间的尊敬，说明一个人具有良好的个人素质，礼待他人也是一种自重。对人尊敬和友善，这是处理人际关系的一项重要原则。

2."真诚"原则

商务人员的礼仪主要是为了树立良好的个人和组织形象。只有恪守真诚原则，着眼于将来，通过长期潜移默化的影响，才能获得最终的利益。在客户开发过程中，礼仪更将其视为商务人员情感的真诚流露与表现。

3. "谦和"原则

谦和，在社交场上表现为平易近人、热情大方、善于与人相处、乐于听取他人意见，显示出虚怀若谷的胸襟，这样在客户开发过程中，才可以及时调整与客户之间的人际关系。

4. "宽容"原则

在客户开发过程中，处于各自的立场和利益，难免出现误解和冲突，应遵循宽容原则，善解人意，这样才可以妥善处理与客户之间的关系。

5. "适度"原则

人际交往中要注意各种不同情况下的社交距离，即要善于把握沟通时的感情尺度，如若把握不妥，即人际交往缺乏适度的距离，结果会适得其反。

二、客户接待

（一）客户接待的意义

进入展厅的客户或多或少都是有压力的，压力可能来自各个方面，而此时汽车商务服务人员要做的就是以热情、专业的接待，客户树立信心，消除疑虑，进入到他们自己的舒适区。做好客户接待，对于客户最后接受产品、买单成交能够起到至关重要的作用。

（二）销售人员迎接来店顾客

（1）第一顺位值班销售人员至门外迎接，引导客户进入展厅。

（2）若雨天客户开车前来，销售人员应主动拿伞出门迎接客户。

（3）销售人员应在见到客户 30 秒内点头、微笑，主动招呼客户。

（4）主动介绍自己，并递上名片，礼貌地请教客户的称谓。

（5）主动真诚问候客户，与客户热情寒暄。

（6）始终保持真诚的微笑，以充满活力亲切的语气与客户交谈。

（7）经销店的所有员工都主动问候来店客户（全员参与）。

（三）客户接待的注意事项

客户接待应遵循客户第一原则，切忌展厅门口无人接待来店客户，以及客户进展厅后长时间无人接待。销售人员应提供饮料给客户饮用。给客户安排的座位应方便其观赏喜欢的车型。

（四）销售人员接待客户的站姿

销售人员应头部抬起，面部朝向正前方，双眼平视，下颌微微内收，颈部挺直。双肩放松，保持水平，腰部直立。

女性双臂自然下垂，放置于身体两侧，右手搭在左手上，贴在腹部。两腿呈"V"字形立正时，双膝与双脚的跟部靠紧，两脚尖之间相距一个拳头的宽度。两腿呈"T"字形立正时，右脚后跟靠在左足弓处。

男性双手相握，可叠放于腹前，或者相握于身后，双脚叉开，与肩平行。身体的重心放在两脚之间。挺直、舒展，站得直，立得正，线条优美，精神焕发。

（五）销售人员接待来店客户的走姿

行走时，头部要抬起，目光平视前方，双臂自然下垂，手掌心向内，并以身体为中心前后摆动。

行走时，应伸直膝盖，尤其是前足着地和后足离地时，膝部不能弯曲。

男士步幅以一脚半距离为宜，女士步幅以一脚距离为宜。抬脚时，脚尖应正对前方，不能偏斜。沿直线行走，即两脚内侧应落在一条直线上。双臂以身为轴前后摆动幅度 $30° \sim 35°$。

（六）销售人员接待客户的指引手势

销售人员在引导客户时应五指并拢，手心向上与胸齐，以肘为轴向外转，身体稍侧向客人，注意上下楼梯和障碍物。

（七）销售人员接待客户的目光

1. 目光凝视区域

公务凝视区域：以两眼为底线、额中为顶角形成的三角区。
社交凝视区域：以两眼为上线、唇心为下顶角所形成的倒三角区。
亲密凝视区域：从双眼到胸部之间。

2. 目光的运用

要做到"散点柔视"，即应将目光柔和地照在别人的整个脸上，而不是聚焦于对方的眼睛。当双方沉默不语时，应将目光移开。忌盯视、眯视。

（八）销售人员接待客户的坐姿

销售人员应先侧身走近座椅，背对其站立，右腿后退一点，以小腿确认座椅位置，然后随势坐下。必要时，可以一手扶座椅的把手。坐好后身体占椅面 3/4 左右。若着裙装，应用手将裙子稍向前拢一下，不宜将裙子下摆东撩西扇，也不宜当众整理服饰。

（九）销售人员与客户握手

（1）客户伸手后，销售人员应迅速迎上去，但避免很多人交叉握手，避免上下过分摇动。

（2）不能用左手握手，与异性握手不可用双手，不能戴墨镜、帽子和手套。不要在与人握手时递给对方冷冰冰的指尖，不在握手时长篇大论或点头哈腰，显得过分热情。

（3）女士先伸手，男士才可握手；领导或长辈先伸手，下级或晚辈才可握手。

三、需求分析

（一）需求分析的意义

客户往往对自己的需求并不完全了解，而且也不容易表达出来，所以销售人员必须通过各种引导和提问的方式让客户将自己真正的需求表达出来，以利于为其推荐、介绍合适的产品。

（二）需求分析的目的

通过冰山理论图，我们看出该图包括显性需求和隐性需求，对于客户需求分析具体而言，显性需求是在交谈过程中比较容易得到的需求信息，甚至消费者会直接告知你的需求信息，而且对于这种显性需求，很多消费者在被问到的时候，都能清晰地描述出来。隐性需求有两种可能，一种情况是隐藏

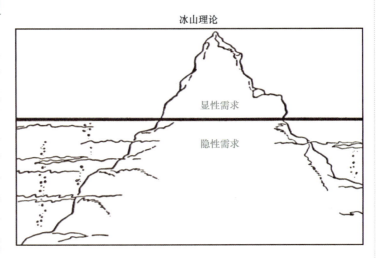

冰山理论

显性需求

隐性需求

在消费者内心，并不愿意和消费者表露的，销售顾问在提问的过程中，消费者会不经意地流露出一丝想法，但并不会清晰描述出来。还有一种情况是连消费者自己都不清楚自己有这种隐性需求，需要销售顾问根据消费者的实际情况进行挖掘。

四、产品介绍

车后座（内部）　驾驶座　左前方

后方　　　　发动机室（正前方）

车侧方（副驾驶侧）

（一）产品介绍的意义

车辆介绍是销售流程的关键步骤，通过这一步骤，销售顾问可以展示自己的专业知识，激发客户的购买兴趣。但是销售人员往往只有不到 15 分钟的时间来为客户介绍车辆的特性和配备，因此如何利用短暂的时间针对客户真正的关注点进行介绍就显得非常重要了。对于销售人员来说，要真正做到这点，需要掌握产品知识，充分了解产品的特性，此外，还需掌握一定的技巧，唯有如此，才能令客户留下深刻的印象，提高成交率。

专业的车辆介绍不仅能够建立客户对于品牌产品的信任，也能建立客户对于销售顾问的信任。

（二）产品介绍的技巧

（1）尽量集中介绍客户关心的问题。

（2）重点强调与客户购买动机相契合的宣传点。

（3）把产品介绍的专业性内容转化为形象化内容。

（4）从客户角度出发陈述观点。

（5）提出问题，促进对话。

（6）确认客户需求时，积极提出建议。

（7）推介强势优势，巩固品牌形象。

（8）话题不要转移太快，须兼顾所有人。

（9）使用 FAB 法则介绍产品。

（三）FAB 法则

我们用以下三幅图来介绍 FAB 法则。

图 1：一只猫非常饿了，想大吃一顿。这时销售员推过来一摞钱，但是这只猫没有任何反应——这一摞钱只是一种属性。

图 2：猫已经非常饿了，销售员过来说："猫先生，我这儿有一摞钱，可以买很多鱼。"可以买鱼就是这些钱的作用。但是猫仍然没有反应。

汽车产品 FAB
介绍法则

图 3：猫非常饿了，想大吃一顿。销售员过来说："猫先生请看，我这儿有一摞钱，你用这些钱可以买很多鱼，买来鱼你就可以大吃一顿了。"话刚说完，这只猫就飞快地扑向了这摞钱。

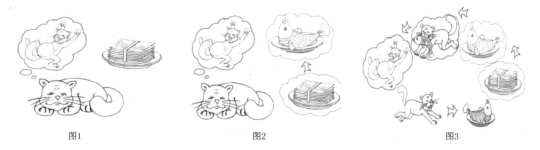

图1　　　　　　　　　　图2　　　　　　　　　　图3

F 即英文单词 Feature 的缩写，代表属性，特性。A 即 Advantage 的缩写，指特点带来的用处。B 即 Benefit 的缩写，指作用或者优势能够给客户带来的利益（因客而异）。

运用 FAB 法则，就是将产品的属性作用、利益结合起来为客户进行介绍。运用 FAB 法则介绍商品有三个好处：

（1）能让客户听懂商品介绍。

（2）给客户真实可靠的感觉。

（3）能够提高客户的购买欲望，使客户对产品有深入的认识。

五、邀请客户试乘试驾

（一）试乘试驾的意义

试乘试驾其实是车辆介绍的延伸，让客户能切实体验驾驶车辆的感受，促进成交。千万不要将试乘试驾变成一种可有可无的制式流程，而应将其当作促进成交的砝码。

（二）试乘试驾的目的

试乘试驾是车辆介绍的延伸，也是让客户亲身体验产品性能的最好时机。客户通过切身体会和驾驶感受，加上销售顾问把握时机动态介绍，可加深其对产品的认同，从而增强购买信心，激发购买欲望。

（三）试乘试驾的安全注意事项

（1）在开始行驶时，确认车内每个人的安全带都已系好。

（2）将车开出店后，应选择在安全的地方和客户交换驾驶。

（3）在客户试驾的过程中，如果销售顾问预见到任何危险，应坚决要求客户将车停于安全地点，改试驾为试乘。

（四）试乘试驾的准备

（1）试车前汽车销售人员的准备。准备必要的资料：车辆行驶证、保险单、试驾预约记录单、试驾协议书、客户驾驶资格确认、签订试乘试驾协议。

（2）试驾车辆管理与准备。经销商应该准备试乘试驾专用车，尤其新车上市期间应该由专人负责，保证车况的良好，排除任何临时故障，保证数量，且加满油，要求车辆整洁、清新、无异味，车内不放私人物品。

（3）试驾行驶路线的确定。试驾行驶路线应能够充分展示汽车性能和特色，应尽可能避开交通拥挤时段或路段，同时试驾专员应该把试驾路线图随身携带备用。

六、报价签约

在报价签约这一环节，汽车销售顾问要运用得体的礼仪表现透明、公平和有效地报价和价格谈判技巧，赢得顾客对于产品性价比的充分认可，增强对汽车品牌产品的尊重和信赖。

（一）报价签约过程中的礼仪要求

（1）汽车销售顾问要面带微笑、认真倾听客户在说些什么，真实的用意是什么。倾听的时候要目视对方的双眉之间，让顾客感觉到你的专注。同时要身体前倾，左手拿本，右手拿笔，适当记录，让对方有跟你一见如故的感觉。

（2）在报价签约环节汽车销售顾问沟通中的"说"必须与顾客最关心的"利益"两个字有关系，这点如果发挥得比较好，客户就会感兴趣，对销售顾问的服务也会更满意。

（3）在面对议价时更要表现出销售顾问的专业性，努力做到把"坚持公司产品的价格"和坚持"自我品牌的价值"看得一样重要，强调"物有所值"。在整个过程中要做到面带微笑，控制语音、语速、语调，做到娓娓道来、不急不躁。

（二）报价签约的注意事项

（1）在报价签约过程中一定不要立即、直接回答或直接反驳顾客。

（2）销售顾问不可缺乏耐心，或表现过度兴奋，或提出愚蠢问题。

七、交车服务

（一）汽车销售顾问交车前应做的礼仪准备

（1）汽车销售顾问交车前，首先电话联系顾客，商量交车时间，询问与顾客同行人员、交通工具，对交车流程和所需时间做简要介绍，并且询问顾客还有什么要求。

（2）汽车销售顾问在与顾客约定的时间前，提早在展厅迎候客户的到来，穿着正装，举止得体，语言亲和、友善。

（3）交车前汽车销售顾问要对车辆进行必要的检查和清洁，使车辆清洁、清新，并且把车内的地板铺上保护纸垫。

（4）汽车销售顾问在交车前，事先要协调好售后服务部门及客服中心，保证交车时相关人员在场，在交车过程要将售后服务顾问介绍给客户。

（5）汽车销售顾问在交车前准备好需要签字的各种文件，确认并检查车牌、发票、随车文件和工具等。

（6）汽车销售顾问在交车前确认顾客的服务条件和付款情况及车辆的保险等。

（7）将车放在已打扫干净的交车区内，准备好车辆出门证。

（8）汽车销售顾问交车前的准备还包括照相机、礼品、服务优惠券等。

（二）电话预约顾客来 4S 店交车

在交车前一天电话与客户联系，商量并确定交车的具体时间，提示客户带上必备的证件。如果有延误影响预定的交车日期和时间，应立即和客户联系并表示道歉，同时说明延误的原因并重新确定交车时间。

（三）简短热烈的交车仪式

1）开场白介绍。

（1）向顾客介绍服务顾问，由服务顾问介绍服务部的时间、预约流程，并递交名片。

（2）向顾客及其家属赠送鲜花、小礼品，拍纪念照等，并鼓掌表示祝贺。

（3）主动询问周围是否有潜在顾客。

（4）陪同试车 / 提供送车服务（如果顾客有需要）。

（5）请顾客填写《客户满意度调查表》。

2）欢送。

（1）确认顾客可接受的售后跟踪联系方式，说明跟踪目的。

（2）感谢顾客选择产品，并恭喜顾客拥有了自己的新车。

（3）提醒就近加油，并指明具体位置，提供出门证。

（4）根据顾客去向，指导行驶路线。

（5）送顾客到门口，目送顾客远去到看不见为止。

（四）交车仪式时间

交车仪式一般以 30 ～ 50 分钟较合适，交车仪式上可为购车者献上精美的花环并合影，或将制作精美的礼品赠送给他（她）。

八、跟踪回访 》》

（一）售后跟踪的意义

售后跟踪是保持客户忠诚的重要动作，也是收集客户购车情报、开发潜在客户开发的重要环节。优秀的销售人员都拥有自己相对稳定的客户关系网络，并能根据客户的重要等级确定与其保持沟通的频次，以维系一种相互信赖的关系，而这种关系正是促成销售的重要条件。

（二）售后跟踪的目的

售后跟踪的目的是维持购销双方的长期联系，维持客户满意。建立定期跟踪机制，可为销售人员发掘更多的商机。

（三）客户的档案管理

（1）基础客户信息要规范、详尽、真实。

（2）定期回访，了解客户用车的情况。

（3）制订客户联系的计划，确定时间表。

（4）将客户信息视为公司的资产。

（5）明确客户跟踪服务活动的责任。

※ 课后作业

　　以小组为单位，按照汽车销售流程进行演练，对每一个环节都按照一定的标准进行拍摄。

项目九
汽车 4S 店售后服务礼仪

知识目标

1. 掌握售后服务过程中的日常准备礼仪规范；
2. 掌握售后服务过程中的预约服务礼仪规范；
3. 掌握售后服务过程中的接待服务礼仪规范；
4. 掌握售后服务过程中的车辆问诊礼仪规范；
5. 掌握售后服务过程中的制作派工单礼仪规范；
6. 掌握售后服务过程中的派工与增项处理礼仪规范；
7. 掌握售后服务过程中的交车服务礼仪规范；
8. 掌握售后服务过程中的跟踪回访礼仪规范。

技能目标

1. 能够熟练进行日常准备；
2. 能够熟练提供预约服务；
3. 能够熟练提供接待服务；
4. 能够熟练进行车辆问诊；
5. 能够熟练制作派工单；
6. 能够熟练进行派工与增项处理；
7. 能够熟练提供交车服务；
8. 能够熟练进行跟踪回访。

素养目标

1. 通过课程资源的学习，培养学生自主学习和归纳总结的习惯；
2. 通过共同完成课后的分组作业，培养团队协作精神，提高语言表达能力；
3. 提高学生的时间管理能力。

一、日常准备

（一）礼仪要求

（1）维修服务部每一天都有许多顾客光临，工作人员接触顾客的机会自然也比较多，有时还要去拜访顾客。因此，必须注意保持穿戴整洁、仪表端庄。在每天的工作中要严格按照职业礼仪的要求规范自己的行为。

（2）顾客到来，应面带微笑，主动热情地问候："小姐（先生），您好，我能为您做些什么？"要使顾客感受到你的友好和乐于助人。

（3）对待顾客应一视同仁，依次接待，统筹兼顾，做到"办理前一位，接待第二位，招呼第三位"，即在为第一位顾客服务前要对第二位顾客说"谢谢您的光临，请稍等"，并招呼招呼第三位顾客，说"对不起，让您久等了"，使所有顾客感到不受冷落。

（4）接待顾客时，应双目平视对方脸部三角区，专心倾听，以示尊重和诚意。对有急事而来意表达不清的顾客，应劝其安定情绪后再说。可为该顾客倒杯水，并讲："您别急，慢慢讲，我在仔细听。"对长话慢讲、语无伦次的顾客，应耐心、仔细听清其要求再回答。对口音重、说话难懂的顾客，在交流过程中，可适时重复他所讲的重要信息，一定要弄清其所讲的内容与要求，不能凭主观推测和理解，更不能敷衍了事，将顾客拒之门外。

（5）答复顾客的询问要做到百问不厌、有问必答、用词用语得当、简明扼要，不能说"也许""可能""好像""大概"之类模棱两可、含混不清的话。对一些不能回答的问题，不要不懂装懂，随意回答，也不能草率地说"我不知道""我不管这事"之类的话。应该实事求是地说"对不起，很抱歉，这个问题我不清楚，我能否让××部门的××来为您解答"或"对不起，很抱歉，这个问题我现在无法解答，我会尽快了解清楚，第一时间答复您，请您留下联系电话"。

（6）顾客较多时，应先问先答，急问快答，依次接待，避免急慢，使不同的顾客都能得到应有的接待和满意的答复。

（7）在查验顾客的证件资料时，要注意使用礼貌用语，查验后要及时交还，并表达谢意，如"××先生（小姐），让您久等了，这是您的证件，请您收好，谢谢"。

（8）对有意见的顾客要面带微笑，以真诚的态度认真倾听，千万不能与顾客争辩或反驳，而要真诚地表示歉意，妥善处理。对个别有意为难、过分挑剔的顾客，仍应坚持以诚相待，注意服务态度，要热情、耐心、周到，要晓之以理、动之以情。

（9）及时做好顾客资料的存档工作，以便查阅检索和对顾客进行有针对性的服务。

（10）坚持售后服务电话跟踪，及时对顾客进行电话询问，以体现对他们的尊重。

（二）工作流程

（1）前台服务顾问每天早上准备好不少于 25 份的三件套，整齐地放置在三件套柜子中备用。

（2）值班人员准备好必要的文件和记录单，如任务委托书、索赔单、预约登记表、坏车检查单、零件订购单、返修记录单、定期检查保养与建议单、施救单、检查表、挂卡等。

（3）服务顾问准备好纸质和电子版必备文件，如工时查询表、常用零件价格表、维修合同范本等。

（4）值班维修顾问检查看板预约维修栏中的预约维修工单等，及时更新看板，将"一日前预约"的预约工单移动到"当日入厂预定"栏中。

（5）值班服务顾问检查并填写预约欢迎看板上的内容，保证预约维修信息与看板预约维修栏的一致性。

（6）每天 8:30 由服务顾问将预约欢迎看板和当日预约工单放在三件套柜子上。客户到店时服务顾问立即通过车型、车牌号及预约欢迎看板中的信息确认客户是否为预约客户。

（7）服务顾问备好名片、干净整洁的工装、工号牌等个人礼仪用品。

二、预约客户

在预约作业过程中，服务顾问使用的电话语言和技巧很关键，它直接影响着预约作业的服务质量。拨打电话和接听电话的礼仪就显得尤为重要。

（一）拨打电话的礼仪

1. 拨打电话前的注意事项

拨打电话前，首先考虑的问题有 3 个：这个电话该不该打？何时拨打效果最佳？通话的时间多长为好？只有考虑好了这 3 个问题，通话才会取得最佳效果。

（1）是否拨打电话。通常来讲，需要通报信息、问候祝贺、联系约会、表示感谢等时候，都有必要利用电话通话，而毫无意义的"没话找话"式电话最好不要打。

（2）何时拨打电话。按照惯例，通话的最佳时间：一是双方预先约定的时间；二是对方方便的时间。一般来说，尽量在受话人上班 10 分钟以后或下班 10 分钟以前拨打，这时对方可以比较从容地应答，不会有匆忙之感。尽量避开在对方通话高峰时间、业务繁忙时间、生理厌倦时间拨打电话，如每日上午 7 点之前、晚上 10 点之后，以及午休时间、用餐之时、双休日等时间。

（3）通话时间的长短。一般情况下，通话时间以短为佳，宁短毋长。在打电话时，发话人应当自觉地、有意识地将每次通话时间限定在 3 分钟之内。

2. 通话内容应精练

拨打电话，应该做到内容简练，需要注意以下几点：

（1）事先准备。在每次通话之前，发话人应做好充分准备。把受话人的姓名、电话号码、通话要点等内容列在一张清单上，这样就不会出现现说现想、缺少条理、丢三落四的情况，也容易使通话对象感到自己办事情有板有眼、训练有素，从而对自己产生一定的好感。

（2）简明扼要。在通话时，问候对方后，即应开宗明义、直奔主题，不讲废话。

（3）适可而止。作为发话人，应自觉控制通话时间。要讲的话说完了，应当立刻终止通话，不要反复铺陈，再三絮叨。

3. 以礼待人

发话人自始至终都要以礼待人，表现得文明大度，尊重与自己通话的对象。拨打电话时必须注意以下几点。

（1）语言文明。在通话之初要恭敬地问一声"您好"而不能是"喂、喂"或"小李在不在"。问候之后，要报所在单位、本人的全名和本人的职务，如"你好！我是××汽车店的服务接待××"。终止通话前，应说"再见""早安"或"晚安"等。

（2）态度文明。发话人在通话时，除语言要符合规范外，在态度方面也不可粗枝大叶。具体要求如下：

1）对受话人不厉声呵斥、粗暴无理。

2）若电话是由总机转接或别人代接，要使用"劳驾""请"之类的礼貌用语。

3）若找的人不在，要客气地请代接者帮助叫一下或过后再打。

4）在通话过程中，若电话因故中断，要主动再次拨通，稍作解释。一旦拨错电话，不要急忙挂断电话，要说"对不起"。

5）挂断电话时，应双手轻放。

（3）举止文明。在打电话时，要注意举止文明。不要在通话时把话筒夹在脖子上，抱着电话机随意走动；不要趴着或高架双腿与人通话；拨号时不要以笔代手；不能边打电话边吃东西。

（二）接听电话的礼仪

在整个通话过程中，受话人虽处于被动的位置，但也不可因此在礼仪规范方面得过且过，不加重视。

1. 本人受话

本人首话指由本人亲自接听他人打给自己的电话。本人受话需要正确注意以下要求：

（1）及时接听。接听电话是否及时，实质上反映着一个人待人接物的真实态度，服务接待听到电话铃声，应准确迅速地拿起听筒，最好在 3 声之内接听。若因特殊原因许久才接电话，须在通话后马上向发话人表示歉意，如说"对不起，刚才比较忙，让您久等了"。

（2）应对谦和。接听电话时，受话人应努力使自己的所作所为合乎礼仪，应注意以下几点：

1）拿起话筒后，首先向发话人问好，然后自报家门，如"您好！××4S 店服务部。您请讲"。

2）仔细接听，态度热情、亲切、谦恭友好，保持良好的心情，这样即使对方看不见你，也能从你欢快的语调中受到感染，给对方留下极佳的印象。

3）在通话时，接电话一方不宜率先提出中止通话的要求，若有特殊原因不得不终止时，可向对方说明原因，表示歉意，并再约一个具体时间，届时由自己主动打电话过去。

4）若对方是长途电话，尤其注意，别让对方再打过来。约好下次通话时间后，即应遵守约定打电话给对方。在再通话开始时，勿忘再次向对方致歉。

（3）主次分明。在接听电话时，恰逢另一个电话打了进来，切忌置之不理。可先对通话对象说明原因，请对方勿挂电话，然后立即去接另一个电话。待接通之后，先请对方稍候，或过一会儿再打进来，随后再继续接听方才的电话。中间间隔的时间越短越好，否则两方都会心生不悦。

（4）待遇同等。在接电话时，一定要注意给予所有受话方同等的待遇，态度不卑不亢。这种公正的态度，容易为自己赢得朋友。

2. 代接、代转电话

在日常生活中，营销人员为其他人代接、代转电话的情况时有发生。代接电话时应注意的问题如下：

（1）尊重隐私。在代接电话时，千万不要热心过度，要明白自己是个媒介，不该问的一句也不要多问，如向发话人询问对方与其所找之人的关系等。当发话人有求于己，要求传达某事给某人时，要严守口风，切勿随意扩散，广而告之。

（2）记忆准确。倘若被找的人不在，应在接电话之初立即相告，并适当地表示自己可"代为转告"的意思，如说"若需要我代为转告，请讲"。不过应当先讲"××不在"，然后再问"您有什么事情"，切勿本末倒置。

对发话人要求转达的具体内容，最好认真做好记录。在对方讲完后，还应把要点复述一下，以验证自己的记录是否足够准确，免得误事。记录他人电话，应包括通话者单位、姓名、联系方式、通话时间、通话要点、是否要求回电话、回电话时间等几项基本内容。

（3）传达及时。若发话人所找的人就在附近，应立即去找，不要拖延。一般不到万不得已时，不要把自己代人转达的内容再托他人转告。

（三）工作流程

（1）在电话铃响 3 声内接起电话，面带微笑、吐字清晰、声音明快地向客户自报店名和姓名："您好！欢迎致电××××，我是服务顾问×××，很高兴为您服务。"

（2）如果电话铃响超过 3 声，接起电话时应首先向客户表示歉意："您好！很抱歉，让您久等了，欢迎致电××××，我是服务顾问×××，很高兴为您服务。"

（3）客户提出维保养等预约服务要求后，服务顾问要认真倾听客户的需求．并在记录纸上做好记录。

（4）当客户表示有时间继续电话交流后，服务顾问开始询问客户和车辆的信息："请您告诉我您的姓名和车牌号，我来查看您的维修保养记录，您看可以吗？"

（5）当客户说出自己姓名和车牌号后，服务顾问将其详细记录并向客户复述确认。

（6）在得到客户确认后请客户稍等，服务顾问迅速进入预约系统调出并查看客户资料。

（7）将听筒轻轻放下，如有等待键则按下，查看资料后向客户描述信息。

（8）询问客户预期的维修时间和维修保养要求后，详细记录并复述客户的要求并确认。

（9）如果在客户预期的维修保养时间无法接待，服务顾问应向客户建议其他日期和时间，直到提供出客户方便的时间为止。

（10）确认日期时间后，向客户表示感谢，并询问客户的车辆是否存在其他问题，如有，详细而准确地记录客户的原话，并向客户复述加以确认。

（11）向客户说明所需时间并确认客户是否在店内等候车辆完工（或是否需要接送服务等）。

（12）得到客户的回复后，根据价目表向客户作整个维修保养的报价说明，并说明维修保养时可能会出现追加项目。

（13）针对至少提前一天通知客户的问题征求客户意见，并询问客户方便的联系时间。

（14）最后向客户致谢，结束电话预约。

（15）等客户挂断电话后再将电话轻轻放下。

（16）详细填写预约登记表。各个项目要仔细填写，笔迹清楚；客户电话号码填写时要注明是公司电话还是住宅电话；对返修和投诉客户要特别标出。

（17）确定零件是否有库存。如没有，查询可能的到货日期，并通知客户零件何时才能有。同时要求零件部门订购必要的零件。

（18）如果预约内容是返修或客户抱怨，预先向服务经理报告并要求其在接待时间出席。

（20）如果预约的维修项目需要诊断或需要技术人员路试检查，服务顾问要向车间主任告知情况，使其能提前安排人员和准备所需工具。

（21）在客户预约时间的前一天与客户再次确认预约信息，提醒客户预约维修保养的日期和时间。

（22）在客户方便的时间给客户打电话，电话接通后确认对方是要找的客户时，可以说："您好！请问 ×× 先生（女士）在吗？"

（23）确认对方是要找的客户后，问候客户，向对方自报身份并询问对方是否方便接电话，说："×× 先生（女士），您好！我是 ×××× 的服务顾问 ××。请问您现在方便接电话吗？"

（24）确认客户方便接电话后，简要说明致电目的。先说明自己要谈的主题，从结论说起，语言简洁明了，语气明快，面带微笑，如说："是这样，给您打电话主要是想跟您确认一下您预约维修保养的事情。您定在明天 × 点来我店为您的爱车做维修保在时间上不需要什么变动吧？您到时有时间来店吗？"

（25）确认客户会准时到 4S 店后，对客户表示感谢："好的，我们将为您的爱车做好维修保养准备，恭候您的光临。非常感谢您接听电话，再见！"

（26）在预约系统生成任务委托书，并打印出施工单（任务委托书）。

（27）将施工单放在相应的看板插槽内。

三、接待客户

（一）礼仪用语

服务顾问／迎宾员：" × 先生／女士，欢迎光临！"

迎宾员："您好，我将带您与服务顾问接洽（认识）！"

服务顾问："您好，我是您的服务顾问，这是我的名片，请多多指教！"

服务顾问："很高兴为您服务，您今天来是来维修还是保养？"

服务顾问："我们站最近在做 ××× 服务活动，不知您是否有兴趣参加？"

（二）工作流程

（1）维修服务中心的门卫应始终保持立正的站立姿势，衣着干净整洁、精神饱满。

（2）顾客车辆进入维修服务中心入口处时，门卫要主动为顾客打开维修服务中心大门，并向顾客敬礼或行注目礼表示欢迎，应引导顾客到指定的停车区。当维修服务中心入口处有交通堵塞或交通不便时，门卫应主动进行交通疏导，让顾客车辆方便进入。

（3）当顾客要通过时，工作人员应主动侧身给顾客让道，并对顾客说："您好！"

（4）在 1 分钟内接待顾客。顾客到达维修服务中心后的 1 分钟内，须有人迎接，并按预约车辆、非预约车辆两种类型将顾客引导至相应类别业务的接待台前。

（5）如果是预约顾客，将预约顾客引导至预约车辆业务接待前台，并在车顶放置预约车辆标志牌；如果是非预约车辆，则将顾客引导至非预约车辆接待前台，前台工作人员按顺序通知服务顾问进行接待。

（6）服务顾问应礼貌、热情、得体、规范地招呼顾客，迎接顾客时均应保持站立姿势，身体略向前倾，眼睛应注视顾客的眼睛，时刻面带微笑，并对顾客说："您好，欢迎光临，很荣幸为您服务！"

（7）服务顾问应主动向顾客递交名片和维修服务中心的有关服务信息资料。

（8）服务顾问应与顾客寒暄，积极问话。

（9）服务顾问向顾客确认来意，问明是顾客是来办理何种业务（定期保养、保修、维修），是否有特殊要求，车辆是否有过返修。

（10）服务顾问应建立每一位来维修中心顾客的档案及顾客车辆的档案。

（11）对于老顾客，服务顾问应查询顾客以往的维修档案，了解车辆以往的维修情况，以便对车辆有比较全面的了解，为提出可行的维修建议提供有效依据。对于新顾客，要新建顾客档案，并与顾客车辆档案一并存档。

（12）服务顾问应仔细倾听顾客对车辆故障的描述，并在工单上做好记录。

（13）除快速保养外，服务顾问倾听顾客需求的时间应在 6 分钟以上。

（14）顾客在描述故障过程中，服务顾问应帮助顾客尽量将故障描述清楚，对于不清楚的地方，应在顾客叙述完后问清楚，而不能随意打断顾客说话。

（15）中断顾客讲话时，应向顾客说明理由。

（16）维修工单应记录顾客描述问题和维修需求的原话，以便技师准确诊断和维修。

（17）对重复维修及零件失效的返修应填写新的工单，并在工单上做好标记。

四、车辆问诊 ≫≫

（一）礼仪用语

服务顾问："您的车辆出现了什么故障（时间 / 速度 / 状态）？"

服务顾问："请听我复述，……是这样的吗？"

服务顾问："好的，等一会儿我们将再仔细检查一遍以确认故障原因。"

服务顾问：（如因缺货等原因本次不能维修保养）"很抱歉，×× 零件为非常用件，暂时缺货，我们会马上调料，×× 零件到后我们将立刻通知您来站处理。×× 先生，给您带来不便，真的很抱歉。"

服务顾问："为避免弄脏您的爱车，让我先装上全新的防护套具以保持您的车辆清洁。"（取出三件套和翼子板护罩给用户过目并做简单解释）

服务顾问："经过初步诊断，您的车辆可能是……故障，主要是……导致。"

服务顾问："经过初步诊断，可能需要维修……所以我们建议……您看可以吗？"

服务顾问："您感觉车辆其他方面还有问题吗？如果有不妨告诉我。"

服务顾问："×× 先生 / 女士，您的车上还有 1/4 箱的燃油，您是不是再核对一下？"

服务顾问："这里有一条痕迹，请问这次一并处理吗？"

服务顾问："您的车内有什么贵重物品吗？如果有，请保管好！"

服务顾问："请问您维修后更换的旧件要带走吗？"

服务顾问："如果没有其他疑问，请您在这里签字确认，好吗？"

（二）工作流程

（1）请客户一起进行环车检查："先生（女士），那我们先看看车吧。"

（2）首先当客户面铺好三件套。

（3）按照环车检查单上的项目，按顺时针方向环车依次确认，并在检查单上做好记录。确认时请客户一起查看。主要确认项目：车内（里程表、刹车踏板、方向盘、音响、油量表等）、发动机舱、车前身（车灯、发动机罩、牌照、各种油液位等）、各部位油漆、轮胎胎纹、钢圈、车门和锁、雨刮器、后备厢（备胎）、随车工具、车后身（车灯、后保险杠等）。

（4）服务顾问必须和客户确认车内贵重物品并在环车检查单上标明。可说："先生（女士），您的车内有什么贵重物品吗？请您确认一下，请您自行保管。"

（5）如果环车检查时发现车辆有问题，应及时与客户沟通并提出追加维修建议。如果客户提出有别的问题，如有异响、电路故障、软故障等委托事项，服务顾问必须详细记录客户的故障描述话语，并向客户复述确认。

（6）车身检查后请客户确认检查结果："先生（女士），您的车我都检查了一遍，车身、轮胎等各部位都没有问题，您确认一下吧。"服务顾问应该选择合适的时机向客户介绍车辆养护新项目、新产品、装潢用品等，及时提出保养建议和零件更换建议。

（7）服务顾问再次同客户一起确认预约维修的时间和委托事项并请客户在任务委托书上签字确认。礼貌地说："您好！本次保养，使用 ×× 材料，单价 ×× 元，总计费用 ×× 元。本次保养需要 ×× 时间，现在是 ×× 时间，预计在 ×× 时间可以保养好，可以的话请您在任务委托书上签个字，我马上安排给您做保养。如果维修保养过程中发现其他问题，我会及时联系您，好吗？"

（8）根据预约维修记录和施工单中填写的维修 / 保养项目，向客户确认预约维修的作业内容。

（9）如果客户提出有别的问题，则准确记录客户的描述，并向客户复述确认。

（10）如果客户提出关于车辆问题的疑问，服务顾问应运用所掌握的专业知识向客户详细解释说明，不能解释的疑难问题应及时找来维修组长或车间主任向客户说明。服务顾问将车辆移动到车间，将（车钥匙、施工单、环检单）任务委托书交给车间主任进行派工。

（11）客户在任务委托书上签字后，服务顾问亲自为客户车辆套上三件套，并说："现在我为您的爱车套上三件套，以防您的爱车受到油污。"

（12）服务顾问将客户引导至客户休息区，并说："您好！请您到客户休息区休息一下吧，里面有免费的饮料、茶水、水果。"亲自为客户倒上一杯水或者饮料（做到100%），说："请慢用，让我为您介绍一下，这是我们的报纸、杂志，电视遥控器在这里，那里有电脑可以上网，洗手间在 ×× 位置，我在前台接待处，您有什么需要随时可以联系我，您先休息，谢谢。"

五、制作派工单

（一）礼仪用语

服务顾问："×× 先生 / 女士，我将为您开任务委托书，请先将钥匙交给我为您保管。"

服务顾问："请将车辆行驶证和使用说明书交给我登记车辆相关信息。"

服务顾问："本次需要做……项目，您觉得怎么样？是否还有别的问题？"

服务顾问："如果没有其他新增故障，预计可以在 × 点 × 分交车。"

服务顾问："本次定保是……公里定期保养，保养项目合计 × 项，材料费 × 元，工时费 × 元，维修费用预计共计 × 元。"

服务顾问："您看费用和时间上还有什么问题吗？"

服务顾问："××先生/女士，请您先核对一下任务委托书，看看是否还有其他问题。如果觉得没有其他问题，请您在这里签字，好吗？"

服务顾问："××先生/女士，这份客户联给您，请保管好，到时凭此联取车。"

服务顾问："××先生/女士，现在您是在这里等待吗？"

服务顾问："××先生/女士，请您放心，车辆完工后我们会及时通知您取车。"

引导客户去休息室，并及时为客户奉上茶水、点心（糖、瓜子等），并告知客户等待过程中可以享受的服务，如看杂志、看电视或者看维修过程。

（二）工作流程

（1）服务顾问与库房确认零件库存，如无库存，服务顾问需确认零件到货时间并告知客户。

（2）服务顾问估算出收费和交车时间，将所有各项工时费、零件费及交车时间填写在施工单上。

（3）再次与客户确认委托事项，以防出错，并逐项向客户说明收费情况。

（4）客户确认报价后服务顾问进行增项作业的说明，并与客户约定确认方式。

（5）说明整个维修保养作业所需的时间，与客户约定付款方法并在工单上记录。工单填写完毕后，服务顾问在工单上填写"入厂时间"并请客户确认。服务顾问必须在工单填写出"入厂时间"和"预交时间""开始时间"由车间主任派工时填写，服务顾问不得填写，以免引起客户误解。

（6）请客户签字。应注意必须双手将工单正面递给客户签字。

（7）服务顾问将保修手册留在前台，请客户提供车钥匙，双手向客户递送名片并询问客户是否在店等候。如果客户在 4S 店等候，服务顾问应引导客户到休息区；如果是委托修理，需要确认客户再次到店的时间并恭送客户离厂。

（8）服务顾问将车辆移动到车间，将车钥匙、施工单、环检单、派工单任务委托书交给车间主任进行派工。

六、派工与增项处理

（一）礼仪用语

服务顾问（如发现新故障需要增加费用和时间）："××先生/女士，打扰您一下，在检查过程中，我们发现您的车辆有必要更换制动摩擦片，请您看一下，好吗？"

服务顾问："您看，摩擦片磨损得只剩 2.5 毫米厚了，已小于标准值，如果不更换会影响车辆刹车效果，所以我们建议尽快更换，您觉得怎样？"

服务顾问："增修故障需要加材料费 × 元及更换作业工时费 × 元，总费用增加到 × 元，您看有问题吗？"

服务顾问："整个作业过程还需要再增加 30 分钟左右，请您放心，我们会按时按质完成作业的！"

服务顾问："××先生/女士，根据增修故障内容我已经对施工单作了更改，请您过目，如果没有问题，麻烦您签字确认一下，好吗？"

(二)工作流程

(1)服务顾问利用维修进度看板来监督各项工作进程，确认车辆的维修状况，在交车前2小时检查工作进度。

(2)在作业过程中如有追加作业或作业延误，由车间主任（或班组长）及时通知服务顾问。

(3)发生作业延误时，服务顾问应及时与客户联络。首先要致歉并解释延误的原因，请求客户的谅解并确认新的交车时间。

(4)发生追加作业时，服务顾问去休息室（或其他地方）找到客户向其说明（或打电话与客户联系），确认追加作业的一切事宜。

(5)服务顾问向客户说明新发现的情况，如将需要更换的零件向客户展示说明。

(6)服务顾问向客户提出建议。

(7)客户同意后，服务顾问对追加作业费用、追加作业后维修所需的时间进行说明。

(8)服务顾问将变化写在施工单上，并向客户出示确认。

(9)服务顾问将客户同意的追加作业内容通知车间主任，以便能尽快恢复工作。

七、交车服务

(一)礼仪用语

I. 交车流程

服务顾问："××先生/女士，让您久等了，您的车辆已经完工，故障已经排除，我们是在约定的时间内将您的车辆维修好的，请问您什么时候方便来取车？/我先陪同您去验车吧。"

服务顾问："经过检查您的车辆故障是因为×××原因导致的，我们维修/更换了……"

服务顾问："对于××故障，我们更换了××零件，现在故障已排除。"

服务顾问："我们已经为您清洗了车辆，请您看一下是否比原来干净多了。"

服务顾问："车辆的前舱、驾驶室的烟灰缸、地毯……我们都帮您清理了，您看还满意吗？"

服务顾问："我们已将更换的旧件打包放在行李厢中，您的随车物品、工具都在，请您查验。"

服务顾问："现在没有问题了，您是否要试一下您的车辆？"

服务顾问："您以后可以……，注意……，如有疑问可以随时跟我们联系。"

服务顾问："维修过程中我们使用防护用具（翼子板护罩和三件套），保证了车辆的内部清洁。"

2. 结算流程

服务顾问："×× 先生 / 女士，我带您到前台结账，好吗？"

服务顾问："×× 先生 / 女士，请您在这里签字确认。"

服务顾问："这是您的使用说明书和钥匙，请收好。"

服务顾问："再次感谢您的光临！"

服务顾问："×× 先生 / 女士，再见。"

（二）工作流程

1. 质量检查

（1）服务顾问查看施工单，确认最后的检查是否已经完成（如检查是否有车间主任签字）。

（2）服务顾问核查完工项目和所更换的零件。

（3）如果施工单上有不清楚的内容，服务顾问要向车间主任或技术人员询问。

（4）服务顾问确认车辆内外已清洗干净及其他相关项目是否已经完成。

（5）服务顾问查看是否有遗忘在车上的修理工具；车辆座椅、后视镜位置是否合适，收音机选台状况是否良好，钟表时间是否正确，烟灰缸是否清洁开启；挡风玻璃是否洁净等。

（6）服务顾问再次检查接车前的检查项目，并与客户入厂时环车检查结果相比较，确认车辆在维修时没有受到损伤。

（7）服务顾问核对施工单，并逐项检查收费，包括工时费和零件价格。

（8）服务顾问根据施工单在卓越系统上制作并打印结算单。

（9）如果是返修作业或费用高或涉及安全性的作业，服务顾问应在交车前将结算单交给服务经理查看批准。

（10）服务经理亲自确认返修或投诉车辆的交车前检查。

（11）服务顾问在保修手册中记录已完成的定期检查。

（12）服务顾问准备好要交还给客户或给客户看的零件（换掉的零件用塑料袋包装）和材料，以及保修手册、车钥匙、结算单等（赠送小礼品）。

2. 交车

（1）维修保养作业完成后，必须进行车辆清洗工作，将维修后的旧件放在副驾驶室内或行李厢中，并及时联系客户进行交车工作（提高工位的流转率）。如果客户到店取车，当客户到达服务店时，服务顾问应迎接客户并问候；如果客户是在 4S 店等候取车，服务顾问则应到休息室或其他地方找到客户并陪同客户前往维修接待台。

（2）服务顾问解释所做的工作和收费，根据施工单重复客户委托事项。

（3）服务顾问出示更换的旧零件，并对更换的零件作详细的说明。

（4）服务顾问进行其他免费服务作业说明，提出合理建议。

（5）服务顾问出示结算单，请客户确认，同时对费用进行解释说明。

（6）服务顾问请客户在结算单上签字。

（7）服务顾问带领客户到停车处，向客户解释所做的工作。

（8）服务顾问展示所做工作的质量，请客户确认车身是否有损坏，并在任务委托书（环车检查单）上签字。

（9）若有贵重物品，请客户对贵重物品进行确认。

（10）服务顾问取下座椅套、脚垫和方向盘套，请客户回到维修接待台。

（11）服务顾问带领客户到接待台，将结算单递交给客户并请客户付款。服务顾问要为客户指引收银台的位置。

（12）客户付款后，服务顾问通知客户下次保养的时间。

（13）向客户说明其入厂维修保养后的跟踪服务项目，询问客户方便的联络方式（打电话或寄送问卷）。如果是打电话，询问客户方便的接电话时间和电话号码，并准确记录。

（14）将保修手册和钥匙等交还给客户，交还以前要确认所还物品是该客户的。

（15）服务顾问向客户致谢，陪同客户去停车位取车，并提醒客户进行保养的时间。

（16）服务顾问请客户上车，向客户道别并恭送客户出店。

八、跟踪回访

（一）礼仪用语

在跟踪回访中，服务人员主要是通过电话来完成跟踪回访的。要想正确无误地传递信息、联络感情，又能为自己塑造完美的形象，服务接待使用正确的电话语言和技巧很关键，客服专员必须掌握一定的拨打电话的礼仪。

客服专员（向 2 个月前进行车辆例行保养的客户致电，通知其下次保养时间）："您好，请问您的车辆行驶多少公里了？主要想提醒您一下，您的车辆需要做例行保养了，您看时间预约在 × 天 × 点，您看您是否有时间呢？"

客服专员："现在耽误您几分钟的时间，主要想对您做一个简单的回访。对上次的维修保养您还满意吗？服务顾问有没有给您做以下项目……？"

客服专员："您的车自上次保养后一切都正常吧？您对我们的工作以及服务态度有什么意见和建议吗？欢迎您随时提出。"

客服专员："非常感谢您提出的问题，我们以后会杜绝此类问题发生。"

客服专员："×× 先生 / 女士，欢迎您再度光临本站做保养。届时我们将电话预约您！"

客服专员："谢谢 ×× 先生 / 女士，您的车辆如有什么问题，欢迎随时跟我们联系，再见！"

（二）工作流程

（1）维修保养后，质量跟踪员必须在顾客取车后 3 个工作日内对维修质量和服务质量进行电话跟踪回访，开展满意度调查，并记录于售后电话跟踪表中。具体操作步骤如下：自交车日起 3 日内，给顾客打电话回访。首先向顾客光临 4S 店表示感谢。然后询问顾客对维修结果是否满意，确认顾客对费用、完工日期是否满意。听取顾客的感想，询问其有无其他意见。对于深感不满的顾客，须耐心听取具体原因，并及时向售后经理反映真实情况，共同研究改善对策。

电话跟踪访问结束时，须说："感谢您接受我们的跟踪访问，再见！"

（2）每天应将当天存在质量问题的电话跟踪导出到售后电话跟踪处理日报表中，并提交给顾客服务经理。

（3）存在维修质量问题的处理。

1）首先应向顾客致歉，安抚顾客的情绪，并承诺尽快将处理意见反馈给顾客。

2）顾客服务中心经理应和车间主管共同商定处理意见及内部改进措施，并详细记录于维修后电话跟踪处理日报表中。

3）服务跟踪人员必须在次日再次致电顾客，向顾客致歉，并向顾客反馈处理意见。

4）如果顾客对处理意见不满意，应再次讨论处理意见直至顾客满意为止。

5）对于发生维修质量问题的顾客，应在返修后再次进行电话跟踪回访。

（4）存在配件方面问题的处理。

1）顾客服务中心经理应和配件经理共同商定处理意见及内部改进措施，并详细记录于维修后电话跟踪处理日报表中。

2）如果是配件质量存在问题，服务人员应承诺尽快将处理意见反馈给顾客，次日向顾客致歉，并向顾客反馈处理意见；如顾客不同意，则重新制定处理意见；如顾客同意，则与顾客预约返修时间或上门服务时间。

3）如果是配件价格或配件供货方面的问题，须向顾客表示歉意，并承诺会尽快处理。

（5）存在服务质量问题的处理。

1）服务质量跟踪员向顾客询问具体情况，并应根据实际情况向顾客致歉。

2）顾客服务中心经理应和服务经理共同商定处理意见及内部改进措施，并详细记录于维修后电话跟踪处理日报表中。

3）对于抱怨强烈的顾客，次日服务跟踪员须再次向顾客致歉，并将处理意见反馈给顾客。

4）将这类顾客在顾客档案备注中标记为重点顾客。

（6）在进行电话跟踪服务时，应进行定期保养提醒及提示顾客可享受的预约服务。如果维修服务中心近期有维修服务方面的优惠活动，应提示或推荐给顾客。

（7）顾客服务中心经理应每周向站长提供维修后电话跟踪质量周报，此报告对有质量问题的跟踪服务进行汇总。

（8）定期由维修服务中心顾客服务经理带队，选择一定比例的顾客进行上门拜访，并详细记录，总结经验，反馈给售后维修部门相关人员。

※ 课后作业

　　以小组为单位，按照汽车售后服务的整个流程进行演练，对每一个环节都按照一定的标准进行拍摄。

※ 课堂笔记记录区

项目十
汽车商务会务活动服务礼仪

知识目标

1. 了解会务工作流程;
2. 了解商务会务座次的知识。

技能目标

1. 能够按照合理的流程安排会务工作;
2. 能够合理安排商务会务座次。

素养目标

1. 通过对课程资源的学习,培养自主学习和善于归纳总结的习惯;
2. 通过共同完成课后分组作业,培养团队协作精神和提高语言表达能力;
3. 提高时间管理能力。

一、会务工作流程

(一)会务前工作流程

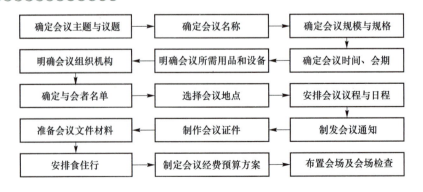

1. 确定会议主题与议题

（1）要有切实的依据。

（2）必须要结合本单位的实际。

（3）要有明确的目的。

2. 确定会议名称

会议名称一般由"单位＋内容＋类型"构成，应根据会议的议题或主题来确定。

3. 确定会议规模与规格

会议的规模有大型、中型、小型；会议的规格有高档次、中档次和低档次。应以精简效能为原则确定会议规模与规格。

4. 确定会议时间、会期

会议最佳时间的确定，要考虑主要领导是否能出席，会期的长短也应根据会议内容的多少确定。

5. 确定会议所需用品和设备

（1）必备用品是指各类会议都需要的用品和设备，包括文具、桌椅、茶具、扩音设备、照明设备、空调设备、投影和音像设备等。

（2）特殊用品是指一些特殊类型的会议，如谈判会议、庆典会议、展览会议等所需的特殊用品和设备。

6. 明确会议组织机构

会议组织机构一般包括会务组、宣传组、秘书组、文件组、接待组、保卫组等。

7. 确定与会者名单

出席会议和列席会议的有关人员，应根据会议的性质、议题、任务来确定。

8. 选择会议地点

会议地点要根据会议的规模、规格和内容等要求来确定，有时也考虑政治、经济、环境等因素。

9. 安排会议议程与日程

会议日程是指会议在一定时间内的具体安排，对会议所要通过的文件、所要解决的问题的概略安排，并冠以序号将其清晰地表达出来。

10. 制发会议通知

（1）会议通知的内容包括名称、时间、地点、与会人员、议题及要求等。

（2）会议通知的种类有书信式和柬帖式。

（3）会议通知的发送方式有书面通知、口头通知、电话通知、邮件通知等。

11. 制作会议证件

会议证件的内容包括会议名称、与会者单位、姓名、职务、证件号码等。有些重要会议的证件还需要贴上本人照片，加盖印章。

12. 准备会议文件资料

需要提前准备的会议文件资料主要有议程表和日程表、会场座位分区表和主席台及会场座次表、主题报告、领导讲话稿、其他发言材料、开幕词和闭幕词、其他会议材料等。

13. 安排食住行

结合参会人数、会场地点等安排餐饮、住宿、交通等相关事情。

14. 制定会议经费预算方案

结合整个会议的需求，制定详细可行的经费预算方案，同时预留一定可支配的灵活经费。

15. 布置会所并进行会场检查

结合整个会议主题及参会人员，布置整个会场，并对整个会场进行仔细检查，确保无安全隐患，保证会议正常举办。

（二）会务中工作流程

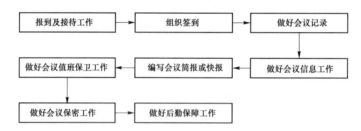

（1）报到及接待工作：安排人员在指定地点对参会人员进行报道接待工作，要安排好整个接待工作的交通、人员等相关事情。

（2）组织签到：对到会人员组织按照秩序进行签到，以便统计到会人员。

（3）做好会议记录：在整场会议中安排会议记录员，对会议内容做详细记录。

（4）做好会议信息工作：将会议的相关信息做成信息表格，以便后续查找资料方便。

（5）编写会议简报或快报：对整个会议做一个会议宣传报道，做成简报或快报形式。

（6）做好会议值班保卫工作：在会议正常举办的过程中，安排好相关的值班保卫工作人员，确保会议正常进行。

（7）做好会议保密工作：在会议进行期间，会议内容做好相关保密工作，不对外泄露。

（8）做好后勤保障工作：会议举办期间，需要提供茶水、饮料、点心等，做好后勤服务工作安排。

（三）会务后工作流程

（1）安排与会人员离会：会议结束，组织参会人员按秩序离会。

（2）撰写会议纪要：据会议举办实际情况，撰写会议纪要。

（3）会议的宣传报道：结合会议举办实际情况，进行会议的宣传报道，达到会议举办的效果。

（4）会议总结：针对会议举办撰写总结，同时将在会议举办过程中出现的问题进行总结归纳，以免下次会议出现同样的问题。

（5）催办与反馈工作：将会议举办的情况反馈给相关部门，以便之后举办会议顺利进行。

（5）会议文书的立卷归档：将会议举办撰写的文书进行立卷归档，以便以后需要的时候进行随时查阅。

二、商务会务座次安排

（一）座次礼仪

（1）双边谈判。双边谈判指由两方面人士举办的谈判。常见的是横式和竖式两种。横式座次是谈判桌在谈判室内横放，客房人员面门而坐，主方人员背门而坐，各自先右后左，自高而低进行就座；竖式是谈判桌在谈判室内竖放，以进门时的方向为准，右侧是客方人士就座，左侧是主方人士就座，其他与横式相似。

（2）多边谈判。多边谈判是指三方或三方以上进行谈判，多边谈判一般分为自由式和主席式。自由式即各方人士自由就座，无须事先正式安排座次；主席式指在谈判室内面向正门设置一个主席之位，由各方代表发言使用，其他人士则一律面对主席之位就座。

竖式

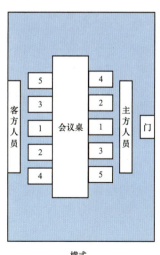

横式

（二）商务谈判技巧

参加商务谈判，可采取以下技巧。

1. 一致式开局策略

一致式开局策略的目的在于创造取得谈判成功的条件是针对特定的谈判对手，为了更好地实现谈判的目标而进行的一致式谈判策略。

2. 保留式开局策略

保留式开局策略是指在谈判开始时，对谈判对手提出的关键性问题不做彻底的、确切的回答，而是有所保留，从而给对手造成神秘感，以吸引对手步入谈判。

3. 进攻式开局策略

进攻式开局策略指通过语言或行为来表达己方强硬的姿态，从而获得对方必要的尊重，并借以制造心理优势，使谈判顺利进行下去的谈判策略。

4. 慎重式开局策略

慎重式开局策略是以严谨、凝重的语言进行陈述，表达出对谈判的高度重视和鲜明的态度，目的在于使对方放弃某些不适当的意图，以达到把握谈判的目的。适用于谈判双方过去有商务往来，但对方曾有过不太令人满意表现的情况。

※ 课后作业

以小组为单位，以汽车 4S 店产品为基准，自行选择主题，策划一场大型汽车商务公务运动，突出创新，并将策划内容制作成 PPT。

※ 课堂笔记记录区

知识小拓展

一、汽车商务服务人员应具备的职业素质和能力

（一）应具备良好的形象

1. 适宜的礼仪
2. 端庄的仪容
3. 得体的着装
4. 优雅的举止

（二）应具备良好的心态

1. 积极、主动的心态
2. 热爱、激情的心态
3. 谦虚、包容的心态
4. 自信、行动的心态
5. 给予、双赢的心态

（三）应具备良好的沟通能力

1. 与企业外部人员的沟通能力
2. 与企业内部人员的沟通能力

（四）应具备全面的汽车知识

1. 掌握全面的汽车专业知识
2. 掌握丰富的汽车销售知识

二、戒指含义

戴在食指：想恋爱结婚，但还没有恋人
戴在中指：已在恋爱中
戴在无名指：已订婚或结婚
戴在小指：独身，不想结婚

三、MONEY 法则

Master：熟悉产品卖点。
Opportunity：抓住现场机会。
Need：找准顾客需求。
Emotion：触动心灵情感。
Yourself：将心比心，想想自己。

四、语言游戏

无声语言小游戏：教"原始人"穿衣服

游戏背景："原始人"穿越到了现代，"现代人"要教会他穿衣服。
游戏规则：
1．两名同学为一组，一人做"原始人"，一人做"现代人"。
2．"原始人"比较迟钝，不知道什么是衣服，也不知道衣服的各个部分，如袖子、衣领等。
3．"现代人"必须用合适的语言教"原始人"穿上衣服。

五、颜值 SWOT 分析

形象的优点	形象的欠缺
形象的可提升点	形象的致命源

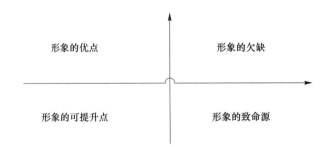

六、偏爱不同色彩代表的不同性格

（一）黑色

1．独立性很强，不依靠谁，不麻烦谁。

2．有很强的自我保护意识。

3．能独立面对难事，冷静，沉稳。

4．对待自己的工作一丝不苟，是个值得信赖的伙伴。

（二）白色

1．善良纯真，对纯粹钟情。

2．追求自然、俭朴的生活。

3．愿意对自己喜欢的人坦露真心和诚意，十分好相处。

4．对自己定下的目标，坚持不懈，精益求精，是个完美主义者。

（三）灰色

1．低调、稳重，知识渊博，做事干练，不会有大喜大悲。

2．比起自己受万众瞩目，更愿意支持、衬托他人，懂得巧妙解决各种困难，善于平衡、控制局面。

（四）红色

1．天性乐观，热情奔放，精力旺盛。

2．立场坚定，坚持自我。

3．交际能力一流。

4．即使遇到挫折，也不会丧气失意。

5．缺乏耐心。

（五）黄色

1．天性乐观，热情奔放，性格阳光，自信洒脱，善于表达内心的想法，乐于拓宽自己的朋友圈，极容易得到他人的信赖和喜欢。

2．做事很有条理性，善于制订计划逐步行动。

3．厌恶一成不变，喜欢新鲜的事物，给人一种喜新厌旧的印象。

（六）绿色

1．知书达理，态度认真，积极向上，永不言败，总是充满希望地面对生活。

2．向往恬静悠然的生活，是一个和平主义者，能够与人和谐相处。

3．具有很强的警惕性，不太容易轻信他人。

（七）蓝色

1. 淡泊宁静，和蔼谦虚，理性沉着。
2. 思维清晰，行事果断。
3. 思绪周密，循规蹈矩，远离斗争喧嚣，是个谨慎派。

（八）粉色

1. 细腻温柔，烂漫甜美。
2. 不管在什么年纪都拥有一颗少女心，十分向往浪漫爱情和完美婚姻。
3. 心胸宽广，不愿与他人发生冲突。
4. 很容易受到伤害。
5. 兴趣很广，但缺乏行动力，还有依赖他人的倾向。

七、四季肤色服装搭配

（一）春季型

肤色特征：浅象牙色，暖米色，细腻而有透明感。

眼睛特征：像玻璃球一样熠熠发光，眼珠为亮茶色、黄玉色，眼白感觉有湖蓝色。

发色特征：明亮如绢的茶色，柔和的棕黄色、栗色。

春季型人选择最适合自己颜色的要点：颜色不能太旧、太暗。春季型人的服饰基调属于暖色系中的明亮色调，在色彩搭配上应遵循鲜明突出自己的俏丽。春季型人使用范围最广的颜色是黄色，选择红色时，以橙红、橘红为主。

特别提示：

对春季型人来说，黑色是最不适合的颜色，过深过重的颜色会与春季型人白色的肌肤、飘逸的黄发出现不和谐音，会使春季型人看上去显得暗淡。春季型人的特点是明亮、鲜艳。春季型人善于用明亮、鲜艳的颜色打扮自己，会比实际年龄显得年轻。

（二）夏季型

肤色特征：粉白、乳白色，带蓝色调的褐色，小麦色。

眼睛特征：目光柔和，整体感觉温柔，眼珠呈焦茶色、深棕色。

发色特征：轻柔的黑色、灰黑色，柔和的棕色或深棕色。

夏季型人拥有健康的肤色、水粉色的红晕、浅玫瑰色的嘴唇、柔软的黑发，给人以非常柔和优雅的整体印象。夏季型人适合以蓝色为底调的柔和淡雅的颜色，这样才能衬托出他们温柔、恬静的个性。夏季型人适合穿深浅不同的各种粉色、蓝色和紫色，以及有朦胧感的色调，在色彩搭配上，最好避免反差大的色调，适合在同一色相里进行浓淡搭配。

特别提示：

夏季型人选择适合自己的颜色的要点：颜色一定要柔和、淡雅。夏季型人不适合穿黑

色，过深的颜色会破坏夏季型人的柔美，可用一些浅淡的灰蓝色、蓝灰色、紫色来代替黑色。夏季型人穿灰色会非常高雅，但注意选择浅至中度的灰。

（三）秋季型

肤色特征：象牙色，深橘色、暗驼色或黄橙色。

眼睛特征：深棕色、焦茶色，眼白为象牙色或略带绿的白色。

发色特征：褐色、棕色或者铜色、巧克力色。

秋季型人是四季色中最成熟而华贵的代表，最适合的颜色是金色、苔绿色、橙色等深而华丽的颜色。选择红色时，一定要选择砖红色和与暗橘红相近的颜色。秋季型人的服饰基调是暖色系中的沉稳色调。浓郁而华丽的颜色可衬托出秋季型人成熟高贵的气质，越浑厚的颜色也越能衬托秋季型人陶瓷般的皮肤。

特别提示：

秋季型人选择适合自己的颜色的要点：颜色要温暖，浓郁。秋季型人穿黑色会显得皮肤发黄，可用深棕色来代替。

（四）冬季型

肤色特征：青白或略带橄榄色，带青色的黄褐色。

眼睛特征：眼睛黑白分明，目光锐利，眼珠为深黑色、焦茶色。

发色特征：乌黑发亮，黑褐色、银灰色、深酒红色。

冬季型人最适合纯色，在各国国旗上使用的颜色都是冬季型人最适合的色彩。选择红色时，可选正红、酒红和纯正的玫瑰红。在四季颜色中，只有冬季型人最适合使用黑、纯白、灰这三种颜色，藏蓝色也是冬季型人的专利色。但在选择深重颜色的时候一定要有对比色出现。

特别提示：

冬季型人选择适合自己的颜色的要点：颜色要鲜明，光泽度高。冬季型人着装一定要注意色彩的对比，只有对比搭配才能显得惊艳、脱俗。

八、4S/5S 店的含义

4S 店：整车销售（Sale）

零配件销售（Sparepart）

售后服务（Service）

信息反馈（Survey）

5S 店：整车销售（Sale）

零配件销售（Sparepart）

售后服务（Service）

信息反馈（Survey）

可持续性（Sustainability）/ 二手车交易（Second-hand）

九、手势礼仪

手势表现的含义非常丰富，表达的感情也非常微妙复杂，如招手致意、挥手告别、拍手称赞、拱手致谢、举手赞同、摆手拒绝；手抚是爱、手指是怒、手搂是亲、手捧是敬、手遮是羞，等等。手势的含义，或是发出信息，或是表示喜恶。能够恰当地运用手势表情达意，会为交际形象增辉。

1. 招手动作

招手动作在中国主要是招呼别人过来，在美国是叫狗过来。

2. 跷起大拇指

跷起大拇指一般表示顺利或夸奖别人，但也有很多例外，例如：在美国和欧洲部分地区，表示要搭车；在德国表示数字"1"，在日本表示数字"5"；在澳大利亚表示骂人的脏话；与别人谈话时将拇指跷起来反向指向第三者，即以拇指指腹的反面指向除交谈对象外的另一人，是对第三者的嘲讽。

3. OK 手势

OK 手势即拇指、食指相接成环形，其余三指伸直，掌心向外。该手势源于美国，在美国表示"同意""顺利""很好"的意思；而在法国表示数字"零"或"毫无价值"；在日本表示钱；在泰国表示"没问题"，在巴西表示粗俗下流。

4. V 形手势

V 形手势表示胜利的意思。如果掌心向内，就变成骂人的手势了。

5. 举手致意

举手致意也叫挥手致意，用来向他人表示问候、致敬、感谢。当你看见熟悉的人又无暇分身的时候，就可以举手致意，消除对方的被冷落感。要掌心向外，面同对方，指尖朝上。千万不要忘记伸开手掌。

6. 与人握手

在见面之初、告别之际、慰问他人、表示感激、略表歉意等时候，人们往往会以手和他人相握。双方伸手的先后应遵循"尊者在先"的原则，即地位高者先伸手，地位低者后伸手。服务人员通常不主动伸手与服务对象相握。和人握手时，一般握上 3 到 5 秒就行了。通常，应该用右手和人相握。左手不宜使用，双手相握也不常用。

7. 双手抱头

很多人喜欢用单手或双手抱在脑后，这一体态的本意是放松。在别人面前特别是在为他人提供服务时候这么做，容易给人一种目中无人的感觉。

8. 摆弄手指

反复摆弄自己的手指，要么活动关节，要么捻响，要么攥着拳头，或是手指动来动去，往往会给人一种无聊的感觉，让人难以接受。

9. 手插口袋

手插口袋会让人觉得你在工作上不尽力，忙里偷闲。

综合测试

1．以小组为单位，模拟一个汽车销售团队，每个小组拍摄制作一部团队宣传片，介绍团队理念、团队成员风采等。

要求：要有创意，画面清晰，配有相关文字，最好有背景音乐。所有同学正装出镜，时间不超过 1 分钟。

2．杭州职业技术学院汽车销售服务有限公司是一汽大众特许经销商，2012 年成立，作为杭州经济开发区唯一一家一汽大众 4S 店，经营成果显著，在当地深受广大用户信赖，销量稳步提升。

4 月（或其他淡季月份）为汽车销售淡季，杭州职业技术学院汽车销售服务有限公司打算结合季节特点针对全新迈腾车型进行市场营销活动策划。

要求：小组成员根据给定条件进行汽车营销活动策划，营销活动内容不限，突出创新，并制作 PPT 呈现。要求图文结合，体现公司品牌内涵，有新意。

3．每个小组策划一场正装秀，全体成员参加，形式自由，要能展现大家的风采。

要求：小组成员着正装，展示时间不超过 1 分钟。

综合评分见附表 1 和附表 2。

附表 1　专业团队秀评分表

模块	团队视频		礼仪正装秀风采展示						得分
团队 / 评分	团队 创意 /30 分	视频 制作 /10 分	整体精神 面貌 /10 分	正装秀 创意 /10 分	淡妆 适当 /10 分	领带丝巾 标准 /10 分	站、坐、 走、蹲 /10 分	团队正装秀 完整性 /10 分	
1									
2									
3									
4									
5									
6									

附表 2　专业营销策划评分表

序号	团队	策划 目标 10 分	市场 分析 10 分	活动 主题 创意 10 分	活动 宣传 20 分	活动 形式 内容 20 分	促销 策略 10 分	PPT 制作 水平 10 分	现场 汇报 表现 10 分	总分
1										
2										
3										
4										
5										
6										

模拟试卷

一、单选题（每小题 3 分，共 60 分）

1. 在商务礼仪中，男士西服如果是两粒扣子，那么扣子的系法应为：（   ）

   A. 两粒都系   B. 系上面第一粒

   C. 系下面一粒   D. 全部敞开

2. 拨打公务电话哪一个是合适的时间：（   ）

   A. 午休时间   B. 吃饭时间

   C. 晚上下班 10 点后   D. 周一上午工作时间

3. 以下哪个不是交际交往中宜选的话题：（   ）

   A. 格调高雅的话题   B. 哲学、历史话题

   C. 对方擅长的话题   D. 时尚流行的话题

4. 哪一种场合适合打公务电话：（   ）

   A. 办公室   B. 电影院

   C. 餐厅   D. 商场

5. 点头礼的鞠躬一般是：（   ）

   A.15°   B.30°

   C.45°   D.90°

6. 汽车展厅销售过程中的最后一个流程是：（   ）

   A. 客户接待   B. 产品介绍

C.试乘试驾   D.售后跟踪回访

7. 客户拜访登门时，我们敲门一般不超过（　　　）下为宜。

   A.1   B.3

   C.6   D.9

8. 客户拜访登门时，我们拜访时间一般不超过（　　　）min。

   A.10   B.30

   C.60   D.90

9. 当客户在电话中出现抱怨的情景式，我们应该如何处理：（　　　）

   A.规避责任，急着转接同事

   B.在电话里面和客户发生争执

   C.掩盖过失，埋怨客户

   D.寻求解决方法，个人无法解决的请示上级

10. 递名片的时候应该如何：（　　　）

   A.可以采用左手将沾有污渍的名片递给对方

   B.将名片背面对着对方

   C.以手指夹着名片给对方

   D.将名片正对着对方，用双手拇指和食指分别握着名片的两角，将名片递给对方

11. 4S店销售人员向顾客自我介绍时哪一个是正确的：（　　　）

   A.介绍自己的学历背景

   B.介绍自己的喜好

   C.介绍自己的个人经历

   D.介绍自己的岗位及对产品的认识

12. 哪一项不是行业性的称呼？

   A.刘医生   B.龙教练

   C.王老师   D.张博士

13. 男士衬衫袖口边缘，以露出西服袖口（　　　）为最佳？

    A.1 cm   B.3 cm

    C.6 cm   D.15 cm

14. 当展示坐姿时，不应该做的是（　　　）。

    A. 跷二郎腿   B. 不摇头晃脑

    C. 正襟危坐   D. 双手摆放在两腿膝盖上

15. 标准的微笑一般是露出（　　　）颗牙齿？

    A.2~4   B.4~6

    C.6~8   D.12~16

16. 在于他人交往时，目光与对方接触的时间一般占全部相处时间的（　　　）？

    A.1/10   B.1/8

    C.1/6   D.1/3

17. （　　　）不属于卸妆用品？

    A. 粉底液   B. 卸妆水

    C. 卸妆膏   D. 卸妆油

18. 领带代表含义不对的是：（　　　）

    A. 斜纹领带代表勇敢

    B. 竖纹领带代表安逸

    C. 方格领带代表热情

    D. 圆形领带代表幼稚

19. （　　　）不是文明礼貌用语的特点？

    A. 主动性   B. 约定性

    C. 亲密性   D. 被动性

20. 汽车 4S 店和汽车 5S 店相比较少了：（　　　）

    A. 整车销售（Sale）

    B. 可持续性（Sustainability）

C. 零配件销售（Sparepart）

D. 售后服务（Service）

二、多选题（每小题 3 分，错选、漏选都不得分，共 30 分）

1. 禁忌的话题包括：（　　　）

   A. 个人隐私　　　　　　　　　　B. 非议他人

   C. 涉及机密的话题　　　　　　　D. 别人的短处

2. 电话礼仪中常用到的 5W1H 原则指的是：（　　　）

   A.WHEN、WHERE　　　　　　　B.WHAT、WHY

   C.WAIT、WHY　　　　　　　　D.WHO、HOW

3. 电话形象的三要素是指：（　　　）

   A. 时间和空间　　　　　　　　　B. 通话的态度

   C. 使用规范　　　　　　　　　　D. 交往五不问

4. 产品介绍的 FAB 法则是指：（　　　）

   A.Money（金钱）　　　　　　　B.Advantage（优点）

   C.Benefit（好处）　　　　　　　D.Feature（特征）

5. 哪些属于客户开发的基本原则（　　　）

   A. 尊敬　　　　　　　　　　　　B. 真诚

   C. 谦和　　　　　　　　　　　　D. 适度

6. 在汽车商务服务中职业形象礼仪一般包括（　　　）

   A. 服装服饰　　　　　　　　　　B. 仪容仪表

   C. 姿态动作　　　　　　　　　　D. 婀娜多姿

7. 在走路过程中，走姿礼仪不允许（　　　）

   A. 横冲直撞　　　　　　　　　　B. 阻挡道路

   C. 蹦蹦跳跳　　　　　　　　　　D. 制造噪音

8. 化妆的禁忌有哪些（　　　）

   A. 当众化妆　　　　　　　　　　B. 私自用他人化妆品

C. 评论他人的化妆   D. 妨碍他人化妆

9. 女士服装禁忌有哪些（　　　）

A. 过于紧身的衣服   B. 过于短小的衣服

C. 过于透视的衣服   D. 端庄的职业装

10. 穿西装的三个三原则分别是（　　　）

A. 三件衣服   B. 三色原则

C. 三一定律   D. 三个禁忌

三、判断题（在题后的括号内填"√"或"×"每题 2 分，共 10 分）

（　　）1. 发型的选择不需要考虑职业要求，只需要关注自己喜好就可以。

（　　）2. 职场交往过程中可以询问对方的婚姻、收入、健康等情况。

（　　）3. 在会议场合大声接打电话，不顾及会议他人。

（　　）4. 去拜访客户前应该提前进行电话预约。

（　　）5. 客户开发可以通过走出去、引进来、保有客户的开发等渠道来实现。

模拟试卷（答案）

一、选择题

1-5：BDBAA   6-10：DBBDD

11-15：DDAAC   16-20：DADDB

二、多选题

1. ABCD   2. ABD

3. ABC   4. BCD

5. ABCD   6. ABC

7. ABCD   8. ABCD

9. ABC   10. BCD

三、判断题

1-5：× × × √ √

参考文献

[1] 邱英杰. 汽车商务礼仪［M］.杭州：浙江科学技术出版社，2014.

[2] 徐克茹. 商务礼仪标准培训［M］.3版，北京：中国纺织出版社，2010.

[3] 邓海燕. 汽车营销礼仪［M］.天津：天津出版传媒集团，天津科学技术出版社，2013.

[4] 姜桂娟. 公关与商务礼仪［M］.北京：北京大学出版社，2005.

[5] 夏志华，姬虹，孔春花. 汽车营销服务礼仪［M］.北京：北京大学出版社，2011.

[6] 石虹，胡伟. 汽车营销礼仪［M］.北京：北京理工大学出版社，2010.

[7] 刘远华. 汽车服务工程［M］.重庆：重庆大学出版社，2009.

[8] 金正昆. 服务礼仪教程［M］.北京：中国人民大学出版社，2010.

[9] 朱军，屈光洪. 汽车商务与服务管理实务［M］.北京：机械工业出版社，2008.

[10] 段钟礼，张揩挑. 汽车服务接待实用教程［M］.北京：机械工业出版社，2010.

[11] 未来之舟. 新员工入职礼仪培训手册［M］.北京：中国经济出版社，2009.

版 权 声 明

根据《中华人民共和国著作版权法》的有关规定，特发布如下声明。

本出版物在编写过程中引用了相关资料与网络资源，在此向原著作权人表示衷心的感谢！由于诸多因素没能一一联系到原作者，如涉及版权问题，恳请相关权利人及时与我们联系，以便支付稿酬（联系电话：0571-56700238，邮箱416769905@qq.com）。